高等职业教育智能网联汽车技术专业教材

智能网联整车综合测试
Zhineng Wanglian Zhengche Zonghe Ceshi

厦门金龙联合汽车工业有限公司
北京汇智慧众汽车技术研究院　组织编写

叶升强　王艳艳　主　编
陈为煜　杨永刚　杨　震　副主编

人民交通出版社股份有限公司
北京

内 容 提 要

本书为高等职业教育智能网联汽车技术专业教材。全书分为五个模块,主要内容有:智能网联汽车测试评价、智能网联汽车"端管云"测试评价技术、智能网联汽车功能安全测评技术、智能网联汽车信息安全测试评估技术、智能网联汽车试验验证技术。

本书可作为高职高专院校智能网联汽车技术专业的教学用书,也可作为从事智能网联汽车技术、汽车智能技术领域相关技术人员的培训教材。

图书在版编目(CIP)数据

智能网联整车综合测试/叶升强,王艳艳主编. —北京:人民交通出版社股份有限公司,2023.12
ISBN 978-7-114-19045-2

Ⅰ.①智… Ⅱ.①叶… ②王… Ⅲ.①汽车—智能通信网—测试 Ⅳ.①U463.67

中国国家版本馆 CIP 数据核字(2023)第 203635 号

书　　　名：	智能网联整车综合测试
著 作 者：	叶升强　王艳艳
责任编辑：	张一梅
责任校对：	孙国靖　卢　弦
责任印制：	张　凯
出版发行：	人民交通出版社股份有限公司
地　　址：	(100011)北京市朝阳区安定门外外馆斜街 3 号
网　　址：	http://www.ccpcl.com.cn
销售电话：	(010)59757973
总 经 销：	人民交通出版社股份有限公司发行部
经　　销：	各地新华书店
印　　刷：	北京市密东印刷有限公司
开　　本：	787×1092　1/16
印　　张：	10.75
字　　数：	242 千
版　　次：	2023 年 12 月　第 1 版
印　　次：	2023 年 12 月　第 1 次印刷
书　　号：	ISBN 978-7-114-19045-2
定　　价：	35.00 元

(有印刷、装订质量问题的图书,由本公司负责调换)

前言 | PREFACE

近年来,全球新一轮的科技革命和产业变革加速推进,新一代信息技术及其深度应用已经推动人类社会步入新的发展阶段,智能经济蓬勃发展,对经济社会发展影响深远。汽车技术的发展日新月异,电动化、网联化、智能化、共享化成为汽车产业发展潮流和趋势。目前,我国汽车产业迅速发展,自主品牌市场份额逐年提高,关键零部件供给能力明显增强,新能源汽车产业体系日渐完善,蓄电池、电动机、电控系统及整车智能化具有较强的国际竞争力,这为智能汽车的发展奠定了坚实的基础。2015年5月,国务院印发《中国制造2025》,汽车被列入"十大重点领域","智能网联汽车"首次在国家政策层面正式提出。2019年9月,中共中央、国务院印发《交通强国建设纲要》,提出加强智能网联汽车(智能汽车、自动驾驶、车路协同)研发,形成自主可控完整的产业链。国家发展和改革委员会、工业和信息化部等11个部门联合发布《智能汽车创新发展战略》,提出到2025年,实现有条件自动驾驶的智能汽车达到规模化生产,实现高度自动驾驶的智能汽车在特定环境下市场化应用。2021年2月,国务院印发《国家综合立体交通网规划纲要》,提出推进智能网联汽车(智能汽车、自动驾驶、车路协同)应用,推动智能网联汽车与智慧城市协同发展。在政策、技术与市场等多重因素的影响下,汽车产业作为国民经济的重要支撑产业,与能源、交通、信息通信等领域有关技术加速融合,正朝着网联化、智能化进程加速推进。智能网联汽车技术的发展已进入快车道。然而,目前国内高职院校汽车专业人才培养供给难以满足智能网联汽车产业发展需求。

2021年4月,中国汽车工程学会、国家智能网联汽车创新中心发布了全国职业院校《智能网联汽车专业建设白皮书(2021版)》,为职业院校智能网联汽车技术专业建设提供了思路。为了抓住汽车产业智能化发展战略机遇,满足行业对智能网联汽车技术专业人才的需求,加快推进智能汽车技术创新发展,人民交通出版社股份有限公司组织相关院校教师与企业专家共同开发了高等职业教育智能网联汽车技术专业教材。本套教材具有以下特点:

1. 以爱党、爱国、爱社会主义、爱人民、爱集体为主线,围绕政治认同、家国情怀、文化素养、宪法法治意识、道德修养等因素,深入挖掘教材内容中蕴含的思政资源,提炼并利用教材思政元素,寓价值观引导于知识传授和能力培养之中,帮助学生树立正确的世界观、人生观、价值观,实现全员全程全方位育人。

2. 立足先进的职业教育理念,紧跟汽车新技术的发展步伐,结合智能网联汽车技术专业的人才培养模式和课程体系设置等进行教材内容设置,及时反映产业升级和行业发展需求,体现新知识、新技术、新工艺、新方法、新材料。

3. 以就业为导向,以职业技能培养为核心,注重学生实践应用能力的培养和技能的提升,使学生培养过程实现"理实一体化",旨在为行业培养高素质的智能网联汽车技术技能人才。

4. 教材呈现形式立体化,借助现代信息技术,科学整合多媒体、多形态、多层次的教学资源,教材的知识点以二维码链接数字资源,满足学生个性化学习的需求,提升教材使用体验。

《智能网联整车综合测试》是本系列教材之一。全书由云南交通职业技术学院叶升强和西南林业大学王艳艳任主编,厦门金龙联合汽车工业有限公司陈为煜、云南红河职业技术学院杨永刚和北京赛目科技股份有限公司杨震任副主编。教材编写分工为:叶升强编写模块一、王艳艳编写模块三、陈为煜编写模块二、杨永刚编写模块四,杨震编写模块五。参与编写的还有北京信息职业技术学院蒋鸣雷、贵州兴义民族师范学院尚晓明、潍坊职业学院刘钢、曲靖职业技术学院邓锦阳、云南红河职业技术学院车黎晶、海南技师学院陈家耀。在教材编写过程中,还得到了厦门金龙联合汽车工业有限公司阿波龙事业部、北京汇智慧众汽车技术研究院、成都融畅易和科技有限公司、成都未有科技有限公司和北京赛目科技股份有限公司(国家智能汽车与智慧交通(京冀)示范区顺义基地)的大力支持,力求把此教材打造成为校企合作、"岗课赛证"融通的示范性教材,在此对以上参编人员和单位表示衷心的感谢。作者在编写过程中,引用了一些网络资料和相关文献的内容,特向其作者表示诚挚的谢意。

智能网联汽车技术是一个新专业,涉及的新技术较多,限于作者水平,书中难免出现疏漏或错误之处,恳请读者给予指正。

作　者
2023 年 8 月

目录 | CONTENTS

模块一 智能网联汽车测试评价 ... 1
- 一、智能网联汽车测试评价现状 ... 2
- 二、我国智能网联汽车测试评价技术路线图 ... 10
- 三、常见测试方法 ... 12
- 四、常见的评价方法 ... 23
- 技能实训 ... 28
- 思考与练习 ... 29

模块二 智能网联汽车"端管云"测试评价技术 ... 30
- 一、智能网联汽车"端管云"测试评价技术框架 ... 31
- 二、智能网联汽车终端测试评价技术 ... 32
- 三、智能网联汽车网络测试评价技术 ... 46
- 四、智能网联汽车服务系统测试评价技术 ... 57
- 技能实训 ... 62
- 思考与练习 ... 65

模块三 智能网联汽车功能安全测评技术 ... 67
- 一、了解汽车功能安全 ... 67
- 二、ISO 26262 标准解读 ... 70
- 三、功能安全测评技术 ... 89
- 技能实训 ... 110
- 思考与练习 ... 111

模块四 智能网联汽车信息安全测试评估技术 ... 112
- 一、智能网联汽车信息安全发展与现状 ... 112
- 二、传统信息安全测评技术 ... 119
- 三、智能网联汽车信息安全测评技术 ... 124
- 技能实训 ... 128
- 思考与练习 ... 129

模块五　智能网联汽车试验验证技术 ····· 130

一、智能网联汽车试验验证需求 ····· 130
二、智能网联汽车试验验证方法 ····· 132
三、智能网联汽车综合试验场 ····· 140
四、智能网联汽车试验验证平台设计 ····· 148
技能实训 ····· 162
思考与练习 ····· 163

参考文献 ····· 165

模块一 智能网联汽车测试评价

📦 学习目标

▶ 知识目标

1. 认识智能网联汽车测试评价的现状；
2. 解释智能网联汽车测试评价的目的；
3. 分析智能网联汽车测试评价的技术路线；
4. 论证标准在测试中的重要意义；
5. 比较常见测试方法；
6. 解释并比较汽车常见的安全评价方法。

▶ 技能目标

1. 独立查询智能网联汽车测试评价相关标准和规范；
2. 依据标准规范选择对某款汽车自动驾驶功能的测试内容；
3. 应用常见实车测试方法验证某款车的自动驾驶中的某项功能；
4. 根据测试结果选择常见的评价方法，对该汽车的某项功能进行评价。

▶ 素养目标

1. 通过对智能网联汽车测试评价现状的学习，激发学生终身学习、精益求精的工匠精神；
2. 通过对测评目的的学习，以及对标准在测试中重要意义和标准查询的学习，培养学生善于达成工作目标、严守标准完成作业的职业素养；
3. 通过比较选用测试方法完成自动驾驶中的某项功能验证，并进行相应评价的学习训练，培养学生良好的实践能力和职业素养。

⚙️ 建议课时

8 课时。

智能网联汽车是指搭载先进的车载传感器、控制器、执行器等装置，并融合现代通信与网络技术，使车辆具备复杂环境感知、智能化决策与控制功能，能综合实现安全、节能、环保及舒适驾驶的新一代汽车。近年来，我国的智能网联汽车产业获得了空前的发展，国家在政策上给予了大力的支持，但也应看到目前智能网联汽车的发展还不成熟，特别是还没达到大量用户使用的阶段，为了尽快将智能网联汽车推向市场，完善的测试评价体系是产品开发的

必要支撑，需要对此进行充分研究，为产品开发过程中的测试和评价活动提供参考依据。

　　智能网联汽车与传统汽车相比有其自身的特点，需要根据智能网联汽车的特点有针对性地开展测试和评价，以不降低汽车行驶的安全性为前提，全面评价智能网联汽车的各项性能，确定智能网联汽车测试和评价的目标。同时关于智能网联汽车测试评价方法的研究以及测试场、示范区的建设已成为全球热点。如何测试智能网联汽车？一种潜在的解决方案是引入"普通人类驾驶人"的抽象概念并建立安全基线；一系列定性、定量的关键功能、性能指标，表征智能网联汽车的安全程度。如果把智能网联系统看作一个驾驶人，对其的考核也可以类比驾驶人的考核过程。首先需要"体检"，检查智能网联系统对环境感知、车辆控制等的基本能力；其次理论测试，测试智能网联汽车对交通法规的遵守能力；再次是场地考核，即在特定场景下的智能网联汽车测试；最后是实路考核，将智能网联汽车放置于开放测试道路内进行实际测试。除此之外，在整个过程还需要专门的团队进行智能网联信息安全的测评。

一　智能网联汽车测试评价现状

　　2020年10月27日，由工业和信息化部指导、中国汽车工程学会《节能与新能源汽车技术路线图》2.0版正式发布。其中，测试评价技术被再次列为基础支撑技术之一，并提出"低等级和高等级智能网联汽车整车与系统测试技术实现突破"。根据测试环境可以将测试技术分为虚拟仿真测试、封闭场地测试和开放道路测试。目前，我国在部分自动驾驶阶段（Partial Automation, PA）及以下智能网联汽车在整车与系统测试方面已基本形成完善的测试方法，有条件自动驾驶阶段（Conditional Automation, CA）及以上智能网联汽车在虚拟仿真测试、场地测试等技术方面取得了一定进展，并积极推进我国典型驾驶场景数据库建设。中国汽车技术研究中心有限公司数据资源中心、国家智能网联汽车创新中心等企事业单位已布局共性关键技术之一的多模式测试评价体系建设，而且正在形成测试能力。

（一）虚拟仿真测试

　　虚拟仿真测试具有测试场景搭建方便、测试过程无安全隐患、可重复、成本低和效率高的特点。但场景的真实性受模型精度的限制，一般用于算法开发迭代的早期测试。

　　虚拟仿真测试需要构建动态测试场景，搭建仿真测试平台。测试平台需要通过采集海量的道路数据，才能对算法进行有效的训练和测试验证。采集的测试场景包括典型场景和危险场景，在采集过程中会逐渐显现长尾效应。测试工况类型覆盖有效性和数据格式统一性，是技术研究的难点。

　　百度公司创建了自动驾驶仿真系统AADS，包括由数据驱动的交通流仿真框架和基于图片渲染的场景图片合成框架，可通过增强技术实现减轻甚至消除仿真场景与真实场景间的差距。另外，该系统还可通过扫描得到的街景图和轨迹数据扩展产生新的驾驶场景。依据该系统，百度公司公布了Apollo Car 3D和Traffic Predict两大数据集。

智能网联汽车虚拟仿真测试

51VR 创建的 51Sim-One 自动驾驶仿真测试产品提供两种动态场景构建方式：基于其自研的仿真系统，通过自定义宏观参数构建动态场景；基于其不断扩充的案例库（包括真实案例和根据真实泛化形成的案例），以及空间、时间触发器，实现主车附近的案例重现和各类危险工况的测试。

Google 的 Waymo 构建了仿真世界 Carcraft，包括 2 万个以上动态场景，如居民区街道、高速公路、死胡同、停车场等。其通过场景泛化技术构建了更多测试场景，并于 2019 年 8 月公布了全场景的无人驾驶汽车路测数据，该数据在多样化的交通环境下采集，包含激光雷达和多个摄像头组成的 360°环视系统（含标签），实现了激光雷达和摄像头的同步。

仿真测试平台需要通过数学建模的方式将真实世界进行数字化还原和泛化，建立正确、可靠、有效的仿真模型。传感器的仿真有 3 种类型：(1) 对物理型号进行仿真，即仿真传感器接收到的信号，如摄像头的光学信号、雷达的声波电磁波信号；(2) 对原始信号进行仿真，即仿真数字处理芯片的输入单元；(3) 传感器目标仿真，即传感器检测到的理想目标。现有仿真测试平台的特点多为动力学仿真、ADAS 测试、场景仿真和交通流仿真。

（二）封闭场地测试

发展智能网联汽车受到全国各地重视，各地政府积极响应国家号召，开展测试示范区和开放测试道路建设。大多数测试场由国家或当地政府出资建设，少部分由企业或高校共建。

目前，我国已拥有二十多个智能网联汽车测试示范区（表 1-1），它们主要分布在华东、华中、成渝、华南、华北、东北等汽车产业较发达地区，具有差异化的气候条件和地貌特征，形成区域性互补。已建成的测试示范区基本涵盖了高速公路、城市道路、乡村道路等场景，具备较为完善的场景设施和智能网联测试设备，部分测试示范区已经搭载了 5G 通信设备。丰富的测试环境能够使智能网联汽车在不同的条件下开展测试，为各测试示范区测试数据共享后的数据多样化和全面性提供了基础条件。

我国的智能网联汽车测试示范区　　表 1-1

地区	序号	名称	所在地区
华东	1	国家智能网联汽车(上海)试点示范区	上海
	2	国家智能交通综合测试基地	江苏无锡
	3	常熟中国智能车综合技术研发与测试中心	江苏常熟
	4	杭州云栖小镇 LTE-V 车联网示范区	浙江杭州
	5	桐乡乌镇示范区	浙江嘉兴
	6	浙江嘉善产业新城智能网联汽车测试场	浙江嘉兴
	7	平潭无人驾驶汽车测试基地	福建平潭
	8	漳州无人驾驶汽车社会实验室	福建厦门
华南	9	深圳无人驾驶示范区	广东深圳
	10	广州智联汽车与智慧交通应用示范区	广东广州

续上表

地区	序号	名称	所在地区
华中	11	国家智能网联汽车(长沙)测试区	湖南长沙
	12	武汉"智慧小镇"示范区	湖北武汉
	13	武汉雷诺自动驾驶示范区	湖北武汉
成渝	14	重庆中国汽研智能网联汽车试验基地	重庆
	15	重庆智能汽车集成系统试验区(i-VISTA)	重庆
	16	德阳 Dicity 智能网联汽车测试与示范运营基地	四川德阳
	17	成都中德智能网联汽车四川试验基地	四川成都
华北	18	国家智能汽车与智慧交通(京冀)示范区	北京亦庄
	19	国家智能汽车与智慧交通(京冀)示范区	北京顺义
	20	国家智能汽车与智慧交通(河北)示范区	河北保定
东北	21	国家智能网联汽车应用(北方)示范区	吉林长春
	22	北汽盘锦无人驾驶汽车运营项目	辽宁盘锦

目前自动驾驶的封闭场地测试主要通过差分 GPS 定位系统及惯性导航系统获取各目标物的高精度定位,通过驾驶机器人及可编程的高精度路径跟随实现目标物的精准移动,并通过可碰撞变形的软目标物和可碾压的目标物驱动系统保障测试的安全性,通过在系统中执行预设的路径和速度曲线达到测试场景准确复现的目的。

(三)开放道路测试

当智能网联汽车在封闭场地完成典型场景的测试后,可以通过申请开放道路测试许可牌照,获得开放道路测试资格。为了进一步推动智能网联汽车测试工作,各地正在逐批开放不同风险程度的多类型道路。截至 2020 年,我国已经有北京、重庆、上海、广州、深圳等 20 座城市颁发了自动驾驶路测牌照,总计超过 200 张,测试车辆总数已超过 500 辆,自动驾驶开放道路测试进入快速发展阶段。

上海在国内率先开放测试路段,并对路段进行基础设施改造和智慧化改造,目前已分批次开放了 530.57km 道路,且于 2019 年 9 月向上汽集团、宝马集团、滴滴颁布了具备功能化载人应用权限的测试牌照。该牌照赋予各企业与市民互动的权利。2020 年 6 月 27 日,滴滴自动驾驶向上海民众开放试乘体验。

《北京市自动驾驶车辆道路测试 2018 年度工作报告》(以下简称《报告》)为我国首份自动驾驶路测工作报告,该报告的路测数据由监管机构提取,而非企业自行上报,最大程度地保证了数据的可靠性。该《报告》表明了 2018 年度的测试企业牌照发放及其测试里程情况,指出其发现的自动驾驶系统十大主要问题,包括交规遵守机制不健全、障碍物误识别或漏识别和车辆建模真实度不足等,并分析了自动驾驶脱离需要人工接管的原因。《北京市自动驾驶车辆道路测试报告(2022 年)》显示,截至 2022 年底,北京市载人试运营测试里程累计超过 1400 万 km,超过 98% 的社会志愿者给予了良好及以上的反馈,为自动驾驶在实操层面提供了高价值参考与借鉴经验。此外,高级别自动驾驶示范区内已有141辆车获准开展载人试运营测试,北京市自动驾驶产业实现商业化运营值得期待。在无人配送车方面,顺义区无人配送测试里程已超过166万km,累计配送订单突破295万单。高级别自动驾驶示范区内无人配送测试里程超过37万km,无人配送及无人零售累计服务逾158万人次。此外,2022年度无人配送车实现从区域级先行先试向全市统筹的重大升级,未来将进一步扩大运行范围,丰富道路测试和商业示范场景。此外,北京市累计开放自动驾驶测试道路1143.78km,高级别自动驾驶示范区完成329个路口、750km车路云一体化城市道路建设,同时支持单车智能和车路协同测试验证。北京市范围内自动驾驶车辆道路测试累计里程超过2194万km,总测试里程保持全国领先。

(四)标准建设方面

1. 标准体系

目前智能网联汽车领域积极完善制定国际标准,从基础、通用规范、产品与技术应用、相关标准4个方面建立,标准覆盖功能评价、人机界面、功能安全、信息安全、通信协议等14个细分类别。智能网联汽车标准体系如图1-1所示。

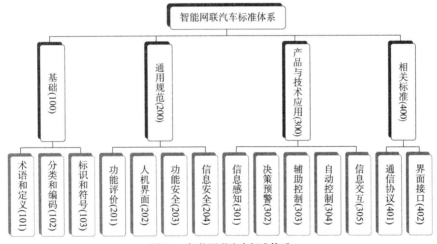

图1-1 智能网联汽车标准体系

2. 标准建设现状

目前,我国针对智能网联汽车整车级测试评价标准正在制定中,包括如何测试评价车辆在多种环境下的智能表现,很多的整车级测试评价标准正在制定中。

伴随着整车级智能网联汽车标准的制订,借鉴整车级测试试验及评价方法,系统级(部件级)的测试评价标准也在进一步研究中,目前系统级测试评价标准主要集中在高级驾驶辅助系统(ADAS)上。功能安全是智能网联汽车发展的关键技术,功能安全测试评价标准目前大多处于制定阶段。

为落实国家相关政策法规要求,充分发挥标准在保障车辆信息安全、推动产业健康有序发展的引领和支撑作用,2017年智能网联汽车分标委秘书处(以下简称秘书处)正式设立汽车信息安全标准工作组,在主管部门的指导下,开展汽车信息安全标准体系框架研究以及标准制定工作。信息安全工作组从基础和通用、共性技术、关键系统与部件、功能应用与管理和相关设施 5 个不同层级展开标准子体系的研究工作。

截至 2022 年 10 月,我国智能网联汽车测试评价方面相关标准建设情况见表 1-2。

我国智能网联汽车测试评价方面相关标准建设情况列表　　　　表 1-2

标准分类	标准名称	标准类型	标准性质	状态	计划号	标准号	采用的或相应的国际标准号
整车级测试评价标准	道路车辆 整车天线系统射频性能要求及试验方法	国标	推荐	预研中			
	道路车辆 整车天线系统通信性能要求及试验方法	国标	推荐	预研中			
	道路车辆 自动驾驶系统测试场景 数据采集和分析方法	国标	推荐	预研中			
	道路车辆 自动驾驶系统测试场景 基于场景的安全评估框架	国标	推荐	预研中			ISO 34502
	道路车辆 自动驾驶系统测试场景 分类方法	国标	推荐	预研中			ISO 34504
	道路车辆 自动驾驶系统测试场景 场景评估和测试用例生成方法	国标	推荐	预研中			
	道路车辆 自动驾驶系统测试场景 自然语言描述方法	国标	推荐	预研中			
	汽车整车信息安全技术要求	国标	强制	征求意见中	20214422-Q-339		
	智能网联汽车 自动驾驶功能场地试验方法及要求	国标	推荐	现行	20203962-T-339	GB/T 41798—2022	
	智能网联汽车 自动驾驶功能道路试验方法及要求	国标	推荐	正在批准	20213609-T-339		
	智能网联汽车 自动驾驶功能仿真试验方法及要求	国标	推荐	申请立项			
	智能网联汽车 自动驾驶系统仿真测试工程	行标	推荐	预研中			

续上表

标准分类	标准名称	标准类型	标准性质	状态	计划号	标准号	采用的或相应的国际标准号
系统级测试方法、标准	道路车辆 自动驾驶系统测试场景 数据采集和分析方法	国标	推荐	预研中			
	道路车辆 自动驾驶系统测试场景 基于场景的安全评估框架	国标	推荐	预研中			ISO 34502
	道路车辆 自动驾驶系统测试场景 分类方法	国标	推荐	预研中			ISO 34504
	道路车辆 自动驾驶系统测试场景 场景评估和测试用例生成方法	国标	推荐	预研中			
	道路车辆 自动驾驶系统测试场景 自然语言描述方法	国标	推荐	预研中			
	汽车智能限速系统性能要求及试验方法	国标	推荐	正在批准	20203961-T-339		
	智能网联汽车 组合驾驶辅助系统技术要求及试验方法 第1部分:单车道行驶控制	国标	推荐	正在审查	20213607-T-339		
	智能网联汽车 组合驾驶辅助系统技术要求及试验方法 第2部分:多车道行驶控制	国标	推荐	正在审查	20213610-T-339		
信息安全测试评价标准	汽车整车信息安全技术要求	国标	强制	正在征求意见	20214422-Q-339		UN R155
	汽车软件升级通用技术要求	国标	强制	正在审查	20214423-Q-339		UN R156
	道路车辆 信息安全工程	国标	推荐	正在起草	20230389-T-339		ISO 21434
	道路车辆 信息安全工程审核指南	国标	指导	预研中			ISO/PAS 5112
	道路车辆 网络安全保障等级和目标攻击可行性	国标	推荐	预研中			ISO 8475

续上表

标准分类	标准名称	标准类型	标准性质	状态	计划号	标准号	采用的或相应的国际标准号
信息安全测试评价标准	道路车辆 网络安全验证和确认	国标	推荐	预研中			ISO 8477
	汽车信息安全应急响应管理规范	国标	推荐	正在批准	20213611-T-339		
	汽车信息安全通用技术要求	国标	推荐	现行		GB/T 40861—2021	
	汽车网络安全态势感知和入侵检测技术要求	国标	推荐	预研中			
	汽车数字证书应用规范	国标	推荐	申请立项			
	智能网联汽车 身份认证系统应用规范	国标	推荐	预研中			
	汽车密码应用技术要求	国标	推荐	申请立项			
	汽车安全漏洞分类分级规范	国标	推荐	预研中			
	信息安全、网络安全和个人信息保护 智能网联汽车设备的安全要求及评估	国标	推荐	预研中			ISO/IEC 5888
	汽车电子控制单元信息安全防护技术规范	国标	推荐	预研中			
	车载信息交互系统信息安全技术要求及试验方法	国标	推荐	现行		GB/T 40856—2021	
	电动汽车远程服务与管理系统信息安全技术要求及试验方法	国标	推荐	现行		GB/T 40855—2021	
	汽车网关信息安全技术要求及试验方法	国标	推荐	现行		GB/T 40857—2021	
	电动汽车充电系统信息安全技术要求及试验方法	国标	推荐	现行		GB/T 41578—2022	
	汽车诊断接口信息安全技术要求及试验方法	国标	推荐	正在批准	20211169-T-339		
	汽车芯片信息安全技术规范	国标	推荐	预研中			

续上表

标准分类	标准名称	标准类型	标准性质	状态	计划号	标准号	采用的或相应的国际标准号
功能安全测试评价标准	道路车辆 功能安全 第1部分:术语 第2部分:功能安全管理 第3部分:概念阶段 第4部分:产品开发:系统层面 第5部分:产品开发:硬件层面 第6部分:产品开发:软件层面 第7部分:生产、运行、服务和报废 第8部分:支持过程 第9部分:以汽车安全完整性等级为导向和以安全为导向的分析 第10部分:指南 第11部分:半导体应用指南 第12部分:摩托车的适用性	国标	推荐	即将实施	20202514-T-339 20203810-T-339 20202513-T-339 20202510-T-339 20202512-T-339 20202505-T-339 20202511-T-339 20202508-T-339 20202465-T-339 20203944-T-339 20202467-T-339 20202468-T-339	GB/T 34590.9—2022	ISO 26262
	道路车辆 电子电气系统ASIL等级确定方法指南	国标	指导	即将实施	20201791-Z-339	GB/Z 42285—2022	
	道路车辆 功能安全审核及评估方法 第1部分:通用要求 第2部分:概念阶段和系统层面 第3部分:软件层面 第4部分:硬件层面	国标	推荐	正在批准	20203971-T-339 20203966-T-339 20203964-T-339 20203965-T-339		
	道路车辆 功能安全要求及验证确认方法	国标	强制	预研中			

续上表

标准分类	标准名称	标准类型	标准性质	状态	计划号	标准号	采用的或相应的国际标准号
功能安全测试评价标准	道路车辆 预期功能安全	国标	推荐	正在批准	20203970-T-339		ISO 21448
	道路车辆 安全相关系统理论过程分析方法	国标	指导	预研中			
	道路车辆 预期功能安全审核及评估方法	国标	推荐	预研中			
	道路车辆 预期功能安全要求及验证确认方法	国标	推荐	预研中			
数据安全	智能网联汽车 数据通用要求	国标	推荐	正在审查	20213606-T-339		
	智能网联汽车 数据安全要求	国标	强制	预研中			
	智能网联汽车 数据安全管理体系规范	国标	推荐	预研中			
	智能网联汽车 数据安全共享模型与规范	行标	推荐	预研中			
	智能网联汽车 数据安全共享参考架构	行标	推荐	预研中			

2023年7月26日,工业和信息化部、国家标准化管理委员会印发《国家车联网产业标准体系建设指南(智能网联汽车)(2023版)》(以下简称《指南》),分阶段建立适应我国国情并与国际接轨的智能网联汽车标准体系。第一阶段到2025年,系统形成能够支撑组合驾驶辅助和自动驾驶通用功能的智能网联汽车标准体系。制订/修订100项以上智能网联汽车相关标准,涵盖组合驾驶辅助、自动驾驶关键系统、网联基础功能及操作系统、高性能计算芯片及数据应用等标准。第二阶段到2030年,全面形成能够支撑实现单车智能和网联赋能协同发展的智能网联汽车标准体系。制订/修订140项以上智能网联汽车相关标准并建立实施效果评估和动态完善机制,以满足组合驾驶辅助、自动驾驶和网联功能全场景应用需求。

二 我国智能网联汽车测试评价技术路线图

(一)预期目标

到2025年左右,构建出反映中国区域交通环境和气候特征的中国典型驾驶场景数据库;虚拟仿真测试实现模型在环(MIL)90%场景覆盖、硬件在环(HIL)80%场景覆盖;建立车辆智能化、网联化能力与开放道路等级匹配制度,推动测试验证设施建设;实现有条件自动驾驶及以下智能网联汽车测试专用设备和软硬件系统的自主研发和生产;形成有条件自动驾驶完整的智能网联汽车测试评价体系、产品测试认证规范和流程。到 2030 年左右,形成较完整的、行业分级共享的中国典型驾驶场景数据库;完成仿真环境下的 V2X 测试工况和测试评价方法,实现模型在环 95%场景覆盖、硬件在环 90%场景覆盖;车辆智能化、网联化能力与开放道路等级匹配制度成熟完善,测试验证设施满足各类测试需求;实现高度自动驾驶智能网联汽车测试目标物、测试硬件系统、测试管理软件系统的自主研发;形成完善的高度自动驾驶智能网联汽车测试评价体系、产品测试认证规范和流程。到 2035 年左右,形成完整的可支撑国家标准法规、企业自主研发验证的中国典型驾驶场景数据库,场景数据库采集、分析、更新迭代高效运作;模型在环、硬件在环、实车在环测试评价满足中国交通环境下的全覆盖;形成完全自动驾驶智能网联汽车测试评价体系,产品认证规范和流程成熟完备,可全面支撑各类智能网联汽车走向市场。

(二)差距分析

在场景数据库方面,国外场景数据库研究开展较早,我国多个高校、科研机构已经开始持续性研究,但仍存在数据采集标准、接口规范不统一、场景数据库标准架构缺失等问题;在仿真测试方面,我国在模型在环、硬件在环上有一定的积累,但在实车在环方面与国外先进水平有较大差距;在测试设施和装备方面,国内测试场缺少完善的管理运营流程和发展模式,企业参与深度不够,道路测试里程积累、政策开放程度方面较国外稍显滞后,此外,受制于产业基础和标准等因素,国产测试软硬件装备与工具也长期落后于欧美国家;在评价与认证方面,我国初步构建了部分自动驾驶智能网联汽车评价体系,但主要集中在驾驶辅助和环境感知系统方面,尚未形成一整套通用的从功能测试到系统集成与验证的完整的智能网联汽车测试评价体系。近年在国家政策和地方政府的不断支持下,更多的示范园区/基地在建立,许多企业和院校也积极参与其中,开始为测评场地以及体系的建设贡献力量,正在不断缩小在此方面的差距。

(三)实现路径

通过大量采集我国实际路况信息,包括采集城市主干道路与高速公路路况信息,城市非主干道路、国道、省道路况信息,乡村道路、高速公路匝道、隧道,以及特殊工况的实际路况信息等,实现具备中国人因特色的测试场景的全覆盖。开发场景自动化生成软件,实现场景数据的自动提取、导入、转换、重建,实现场景数据库建设的全自动化。

丰富和完善模型在环、硬件在环、实车在环虚拟场景,提升场景覆盖率,加快模型在环、硬件在环、实车在环测试评价体系的建立和推广。针对模型在环测试,构建适用于智能网联汽车仿真测试所需的车辆模型、仿真场景模型。针对硬件在环测试,构建覆盖智能网联汽车感知系统、决策系统、执行系统的全功能硬件在环测试系统。针对实车在环测试,构建室内/室外整车在环方案。

完善测试场设计运营及开放道路认定分级等标准规范,推进各类测试场的功能建设和完善。研制测试目标物系统、实车交通环境在环平台、动态试验场测试工具等测试装备技术,建立对自动驾驶系统功能及安全性充分验证的测试装备技术能力,开展高强度加速测试验证。

研究和细化国内外相关标准要求的测试评价方法,加快构建我国智能网联汽车测试评价体系、产品认证流程。

三 常见测试方法

智能网联汽车测试方法的主要内容不仅包括以传感器为核心的测量原理、测量方法、测量工具及数据处理等,还越来越广泛运用将被测对象置于模拟运行状态的在环测试方法。这里将介绍近年来在智能网联汽车测试中常见的几种在环测试方法以及实车测试方法。

(一) 模型在环、软件在环测试方法

在汽车涉及的各种控制算法开发流程中,为了降低研发成本,更早地发现算法中存在的问题和错误,常常需要在设计阶段进行相应的测试,在实际控制器完成之前可以进行的测试主要是模型在环测试和软件在环测试。

1. 模型在环测试方法

基于模型的系统工程(Model-Based System Engineering,MBSE)是一种用于解决设计复杂控制、信号处理以及通信系统中相关问题的数学和可视化方法,它被广泛应用于运动控制、工业设备、航天以及汽车相关应用中,是一种主流的开发与测试方法。

模型提供了一个物理系统的抽象,可以使工程师忽略无关的细节而把注意力放到最重要的部分来思考系统的整体设计。工程中的所有工作内容都是依赖模型来理解复杂的、真实世界的系统。在 MBSE 中,模型是整个开发过程中不断细化的可执行规范(通常使用文本形式表示的需求来指导正式模型的开发,这些模型随后将使用代码生成转化为代码),与写在纸上的规范相比,可执行的规范能使系统工程师更深入了解其策略的动态表现。在开始编码之前的早期开发阶段就对模型进行测试,将产品的缺陷暴露在项目开发的初期,并在开发过程中持续不断地验证与测试,这样工程师就可把主要精力放在算法和测试用例的研究上,以确保规范的完整性和无歧义,而不必花时间去处理烦琐、易于出错的任务,例如创建测试装置。模型建立后,添加基于模型的测试,确保模型确实正确地捕获了需求。

与"静态"的书面设计不同,可在基于模型的测试过程中评估可执行规范。通常可通过改变一组模型参数或输入信号,或通过查看输出结果或模型的响应来完成这一操作。依据模型执行的仿真顺序也称为模型在环测试。模型在环测试的测试数据可来自测试矢量数据库,或来自实际系统的模型。可执行规范通常不仅仅包含功能设计模型和软件逻辑,还包括设备和环境模型、高层需求的链接以及其他文件。通常它还包括用于自动化仿真结果评估的验证数据。模型在环测试的结果可用于验证软件行为是否正确,并确认开发流程的初始需求。通过模型在环测试收集的信息会成为代码验证的基准。

2.软件在环测试方法

一般的软件在环测试(图1-2)是指在主机上对仿真中生成的代码或手写代码进行评估,以实现对生成代码的早期确认。但这种测试仅仅针对生成的代码,并没有考虑代码与模型之间的关联,因此当测试过程中发现代码问题时,还需要人工定位到具体是哪个模型出现的问题。

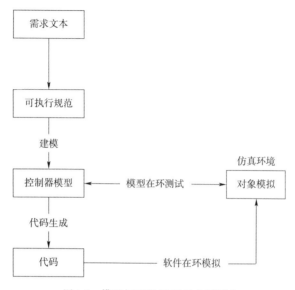

图1-2　模型在环测试和软件在环测试

此外,还有一种软件在环与模型在环的对比测试方法,主要实现了模型和代码的同步执行。该方法在模型生成的测试代码中插入控制代码来记录状态信息,并将这些状态信息实时发送给建模平台,平台解析后以高亮显示的方式同步展示模型的执行过程;同时,测试过程中还可以获取当前监视的全局变量信息,测试人员通过监视所要观察的全局变量信息,分析具体建模是否正确或是否满足实际需要。

根据以上描述,这种测试方法的重点就是要确保生成的代码和模型同步执行,并且这个执行过程要足够直观,方便用户查看。此外,由于在测试代码中加入了额外的控制代码,使得测试代码和产品代码之间有了差异,这势必会对代码的执行性能等指标产生影响,因此还需要考虑如何将这个影响降低到最小。具体来说,在测试方案设计时需要考虑以下几个问题。

1)测试过程应能正确反映模型的执行过程

图形化描述的建模模型实例和监视变量信息要能在测试过程中正确展示。当某个模型元素实例生成的代码被执行时,该模型元素实例要能高亮显示。在状态图模型中,当发生状态迁移时,能自动转换到下一个满足迁移条件的状态。此外,监视变量信息也需要与代码执行保持一致。

2)测试过程应具有直观性

测试过程的中间信息应清晰反映在图形化的建模模型上。测试过程在模型上显示得越直观,越方便进行错误检查。同时,测试过程的展示应借鉴已有工具的显示方式,使建模人员更方便使用。

3）测试过程对被测系统的影响应最小化

对于任何一种进程内的测试来说，测试进程都应该尽量减少对被测系统的影响。同样，对测试代码来说，如果在测试的执行过程中插入了过多的控制代码，那么测试代码与图形化的模型之间就会存在较大的不一致性，因此应该尽量少地在自动生成的测试代码中加入控制代码。

3. 虚拟仿真技术

虚拟仿真技术应用汽车工程、交通工程、计算机科学、软件工程等多学科知识，对车辆动力学模型及自动驾驶算法模型进行不同程度的评估，将汽车驾驶场景在计算机模拟过程中进行重建和复现。通过建立不同的软硬件集成框架，虚拟仿真过程会对算法模型、车辆控制软件、车载硬件、整车、驾驶人进行多种有效的测试，从系统稳定性、驾驶安全、运行效率等多种角度进行评估。

在打造交通工具的时候，无论它是由人类驾驶还是计算机操控，安全都是首要考虑的因素。从训练到测试，虚拟环境正在让自动驾驶变得越来越完善。在自动驾驶开发过程中，需要在各种行驶条件下，对无人驾驶技术进行不断的验证测试，从而确保其安全程度高于人类驾驶人的操作。这意味着，在一些时候我们要在实际道路上对其进行测试。然而同样重要的是，在虚拟道路上的仿真测试、虚拟测试也是积累无人驾驶汽车测试里程的重要手段之一。随着高级图形处理技术的发展，虚拟道路测试，能够有效对危险或不常见的驾驶场景进行测试。虚拟的灵活性和多用性，使其在自动驾驶技术开发中发挥着重要作用。

依托仿真平台，应用多种软硬件技术进行在环测试是驾驶场景虚拟仿真的主要研发内容。根据不同的测试需求，测试厂商使用了软件在环（Software In Loop，SIL）、硬件在环（Hardware In Loop，HIL）、车辆在环（Vehicle In Loop，VIL）、驾驶人在环（Driver In Loop，DIL）等多种测试工具链，测试目的包括算法验证、控制器验证、虚拟环境下的实车验证。另外在软件在环测试的过程中也可以将算法模型抽出进行独立模拟，形成模型在环（Model In Loop，MIL）的方案。

在建立面向多种需求的测试工具链后，需要对整个体系整理归纳，建立起一套完整的评价体系，方便对整体的仿真测试结果进行评价。虚拟仿真测试评价整体思路包括测试用例的选择与场景设计、分配场景于不同的测试需求，然后基于场景与功能分别设计评价方法与评价指标，根据基于场景的评价指标分配权重，最终输出自动驾驶功能的评价结果。针对L1~L2级的评价测试，依赖典型测试用例进行横纵向功能评价，具体评价体系包括场景描述、场景参数设定以及评判依据。针对L3级以上的评价测试，应包含序列化的场景，同时要建立序列化场景的复杂度评价。

传统的产品开发过程一般需经过概念设计、方案设计、细部设计、试验室试验、样机生产、批量生产等诸多阶段，产品上市周期长。设计人员的初期设计仅停留在图纸上，不能预见物理样机加工出来后可能出现的问题。因此，到了产品的试验阶段，许多未发现的问题会被暴露出来。设计人员进行改进后，再重新加工，重复上述的过程。从设计、试制、试验、改进到最后的投产，花费了大量的人力、物力和财力，但结果却不能尽如人意。这与现代市场对产品的需求很不适应,如何提高初次设计的成功率是传统设计方法面临的一个难题。虚拟样机技术是一种崭新的产品开发方法,它是一种基于产品计算机仿真模型的数字化设计方法。这种开发技术以计算机仿真和建模为依托,融合了智能化设计技术、并行工程、仿真工程和网络技术等,其最终目标是在产品的物理样机制造加工前对产品的使用性能、可制造性等进行预测,从而对设计方案进行评估和优化,以达到产品的最优化。虚拟样机技术应用在产品的设计和开发过程中,将分散的零部件设计和分析技术结合在一起,在计算机上建立产品的整体模型,并针对该产品在投入使用后的各种工况进行仿真分析,预测产品的整体性能,进而改进产品设计,提高产品的性能。

它能在产品开发设计阶段对模拟样机进行数值仿真与结构优化、缩短设计周期、降低设计成本、在物理样机产生之前预先评估设计质量和功效,是现代机械设计系统和设计技术的关键。虚拟产品开发与现实产品开发有一定的对应性,虚拟样机的设计方法与传统的设计方法相比具有以下优点:虚拟产品开发消耗物质资源和能源很少,可以在设计的初期确定关键的设计参数,在产品投产前对产品的实现方案进行评估和优化,提高了产品实现的可行性和初次设计图样的一次有效率。由于大大简化了物理测试试验的过程,可以大幅度降低产品的开发成本。虚拟样机的设计方法比传统的设计方法缩短了产品上市周期,提高了产品的质量,节省了研发费用。虚拟样机技术问世后,得到了科研机构和众多厂家的高度重视,并将虚拟样机技术引入到各自的产品开发设计中,取得了很好的经济效益。

随着车辆仿真计算内容的不断深入发展,数字化试验场(Virtual Proving Ground,VPG)的概念也应运而生。目前,国际上有关 VPG 的技术正在发展中,ETA 公司推出了其商业软件 VPG,提供了标准典型的路面模型,如交替摆动路面、槽形路、鹅卵石路、大扭曲路、波纹路、搓板路等。英国 MIRA 汽车试验场正式宣布建立了 MIRA VPG。但这些都是在国外道路情况的基础上得到的,不可能在国内找到相对应的试验路面。由于不同国家的路面条件和汽车的使用条件各不相同,研究建立适合我国汽车试验场的数字化试验场才有实际意义。

由于路面种类繁多,汽车试验场成为进行汽车各类性能试验的必要场所。同样,在车辆性能仿真计算中,只有建立了包含各种路面的数据库,才能使汽车仿真计算的内容更为丰富。可以说,路面的种类决定了整车计算的内容。平整的路面可用于汽车操纵稳定性能的仿真分析;不同等级的路面可用于汽车行驶平顺性的计算分析;比利时路与搓板路等可靠性行驶试验路面可用于对关键零部件进行疲劳性能的分析。每一种新开发的车型都需要进行大量的道路试验,为此所耗费的人力与经费都非常可观。随着计算机技术的快速发展,国外大公司已经使用仿真计算手段进行相关的研究。在汽车设计的初期,通过在数字化试验场中对汽车可靠性进行分析,从而缩短设计周期,提高设计质量,降低研发成本。从分析内容方面讲,VPG 计算技术分析内容是多样化的。一个分析模型可以进行疲劳寿命计算、振动噪声分析计算、车辆碰撞历程仿真、碰撞时乘员安全保护等多种结构非线性分析。同时还可以进行整车非线性运动学和动力学计算,用来进行整车舒适性、高速行驶性能和操纵稳定性研究。

(二)硬件在环测试方法

汽车系统项目的开发是一项系统工程,科技含量高、工作量大,整车和各零部件的开发同步进行。为了保证项目的进度,将硬件置于测试回路是一种将实物部件和软件模型联合、广泛运用于部件测试或控制系统测试的技术形式。广义上来说,硬件在环测试系统可以分为4种类型:第一类,将真实的控制器置于测试回路,将其余部件的压力或电力信号用真实信号或者仿真环境模拟的信号纳入控制器的控制回路,不包含动力加载装置;第二类,用计算机快速地建立其控制器模型,而将受控对象作为实物放置在仿真回路中,构造起在环测试系统,这个过程也称之为快速原型设计;第三类,利用动力加载装置模拟系统其余部件的动力学特性对实物部件进行加载,实物部件输出的信号反馈回系统模型,构成系统回路;第四类,主要是在第二类的基础上,将在回路系统模型过程量或实物部件的输出量纳入一个更大的控制器控制回路。本书中所指的硬件在环测试涉及的第一类如图1-3所示、第二类如图1-4所示,第三类和第四类被归入台架在环测试方法。

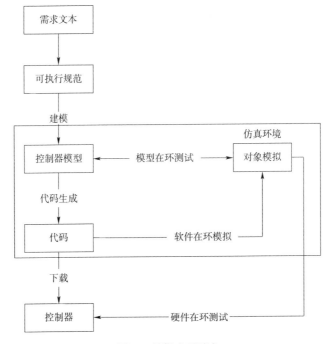

图1-3 硬件在环测试

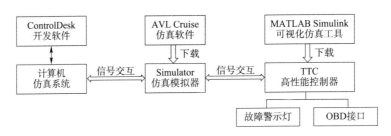

图1-4 硬件在环仿真平台的具体结构原理示意图

硬件在环(HIL)仿真是一种半实物仿真系统。系统中一部分用仿真模型在计算机上实时运行,另一部分以实物硬件形式接入仿真回路。HIL克服了传统方法需要在真实环境下测试的缺点,可以根据需要模拟控制对象运行及故障状态。HIL实验的重复性好,可进行极限条件下的测试,从而排查电控单元(Electric Control Unit,ECU)算法错误,进行系统极限及失效测试,达到整个系统的完整性能预测与分析,进而缩短了开发周期,节约人员、设备及资金的投入。其根本思想是用实时运算的数学模型替代传统测试中真实的实车系统,从而应用计算机仿真技术实现脱离被控对象的测试开发。

HIL 仿真平台一般包括实时仿真控制器(目标机)、信号接口及处理模块(包括线束)、真实 ECU 和上位机监控程序 4 个部分。在这介绍的是将 Cruise 里搭建的整车模型下载到 Simulator 中,通过在 Simulator 中运行的实时车辆模型模拟混合动力电动汽车控制单元 HCU 的工作环境;将控制策略 Simulink 模型下载到 TTC(高性能控制器)中,采用 TTC 模拟混合动力汽车整车控制器。TTC 与 Simulator 通过 CAN 总线、电线连接,进行 CAN 信号和模拟信号的交互,硬件在环仿真平台的具体结构原理如图 1-4 所示。

汽车硬件在环测试系统的研制是实施并行工程实现同步开发最重要的一项措施。利用计算机仿真试验系统,能较好地解决下述问题:

(1)在同步开发工程中,解决开发初期缺乏控制对象和原型车情况下的控制器测试。

(2)完成实际中无法进行或费用昂贵的测试,方便地进行精确的极限测试、失效测试和各种故障的重现,使测试更加全面、完整。

(3)模拟危险情况而不产生实际的危险,且测试可以被重复和自动进行。

(4)控制策略的优化、各参量相互间可能的影响、参数变化的敏感性等的验证确认可以既快又省地进行,冲突的目标可以被早期发现并协调。

(5)开发过程中的重复与更改可以被最大限度地避免,由于模拟仿真已验证了各种运行状态和功能,避免了绝大多数设计中的错误,使开发风险大大减少。

(6)硬件与试验的费用将被降低到最少,研究的时间与开发的费用大为节省。

随着汽车工业的发展和进步,人们对汽车的动力性、经济性、安全性及排放性能等方面提出了更高的要求,传统的机械式控制系统已经远远不能满足这些需要。电子化控制系统以其高精度、高速度、控制灵活、稳定可靠等特点逐渐取代了机械式控制系统,是汽车控制系统的发展趋势。

由于对控制性能的要求越来越严格,使得汽车电子控制系统对控制器的要求越来越高。控制器的开发与设计一般都要经过控制系统设计与离线仿真、快速控制原型、自动代码生产、硬件在环仿真、标定的步骤,即由上层到底层,再由底层到上层的一个 V 形过程。首先是控制器的上层功能设计,详细确定控制器将要实现的功能;然后生成目标程序代码;最后是控制器的底层软、硬件实现。从控制器实现到实车测试的过程中,还需要进行硬件在环实时仿真测试。这是因为在整车控制器的开发过程中,利用整车控制器硬件在仿真测试平台构建虚拟的整车现场环境。对控制器进行硬件在环仿真测试,不但可以大大加快整车控制器软、硬件的开发过程,而且开发成功的控制器具有较高的可靠性。因为仿真测试平台可以模拟出在实车试验过程中难以实现的特殊行驶状态和危险状态,从而对整车控制器进行全面的测试。控制器硬件在环仿真测试中,系统用数学模型来代替,控制器使用实物,系统模型和控制器之间的接口要与实际保持一致,在仿真调试完毕后,达到控制器和系统之间的"垂直安装"或"垂直集成"。控制器在完成硬件在环仿真之后,就可以进入系统集成和测试环节,最后实现初期设计的各项功能和指标。

HIL 测试环境针对被测车型进行建模仿真,并将其运行于与控制器闭环工作的实时环境中,实现对整车控制器的复杂测试。整车控制器 HIL 测试平台主要由实时仿真硬件平台、实时仿真模型、实验室管理系统和驾驶场景模拟器组成。

为实现通用化的 HIL 平台,基于目前某智能新能源车型 HIL 测试台架,通过通用的流程及文件体系使系统方便地在各个测试项目中进行切换或开始新项目,保证测试的规范,缩减测试项目周期。通用的项目测试流程包括以下几个部分:文档准备、系统集成、软件准备、系统准备、HIL 测试、测试用例库编写方法和规范。

1) 文档准备

在文件准备阶段,需完成以下工作:基于信号模板建立项目信号列表;基于 I/O 测试模板和项目信号列表建立项目 I/O 测试列表,同时建立电气连接;根据控制器功能、开发阶段及测试用例库,基于不同阶段样车功能测试表单模板建立项目功能测试列表。

2) 系统集成

系统集成包括硬件集成和软件集成,可分为以下 4 个方面:

①把系统集成阶段需要测试的整车控制器置于测试台架上。

②进行系统集成测试,含上下电测试、仪表测试等。

③进行 VCU 端口测试。

④软件集成。

软件集成包括实时模型集成和测试软件集成。实时模型集成是指完成各组成模块间的有效集成,建立样车整车控制器 HIL 测试实时整车动力学模型。在软件集成过程中,必须先完成实时模型集成,同时保证模型的正确性后,再进行测试软件的集成。

3) 软件准备

①根据待测车型的结构和参数,在 HIL 模型框架模板下运用 Matlab/Simulink 软件进行车辆模型部件更改及对应参数文件的更新。

②基于项目信号列表进行实时界面(Real Time-Interface,RTI)模型部分的序号调整及其参数更新。

③完成 HIL 测试模型搭建。

④搭建 Control Desk 试验控制界面。基于模板,按项目测试需求添、减控件,进行模型信号与控件的关联。基于此,建立各项目的监控软件。

4) 系统准备

对 HIL 模型离线运行验证及自动代码生成,目的是验证实时模型算法及建模是否规范,以及将模型转化成可嵌入到模拟器的代码(.sdf 文件),完成系统准备。

5) HIL 测试

整个 HIL 测试系统包括通信测试、功能测试、故障注入测试 3 个部分。

①根据项目 I/O 测试列表进行控制器的 I/O 测试。

②根据项目功能测试列表,即功能测试用例库进行功能测试。依据该测试用例库,在现有测试平台上对目前车型进行 HIL 测试。

③进行故障注入测试,即根据管脚类型,划分成合理故障注入类型。

6)测试用例库编写方法和规范

测试用例库的编写是 VCUHIL 测试的重要部分,其输出在测试流程的文档准备阶段。HIL 测试用例是为了验证 VCU 功能,好的测试用例有助于提高测试效率和测试覆盖率,可有效验证整车控制器的功能,及时发现 VCU 的设计缺陷,在 VCU 装车前清除所有故障,保证实车运行时的安全性。首先,要编写测试用例文档模板,它建立了整车控制器 HIL 测试用例编写的规范要求,满足测试对象的通用性。其次,每个具体测试用例都将包括下列详细信息:用例编号、用例名称、用例描述、前提条件、结束条件、测试步骤、期望结果、实际结果和判断准则。第三,具体针对当前车型,可根据 VCU 核心模块实现的功能,对功能测试进行分类:上下电测试、驾驶人解析、系统约束、附件测试及故障诊断。第四,根据待测车型的动力系统、附件系统等,在以上 5 个测试分类下进行细化。以附件系统为例,可分为风扇、空调压缩机、加热器、真空泵、水泵和 DC/DC 控制。具体方法有以下几类:

①等价类划分法。是一种典型的黑盒测试方法,运用该测试方法时,完全不考虑待测部件的内部结构,只依据整车控制策略说明书来设计测试用例。等价类划分法把所有可能的输入数据划分成若干部分,然后从每一部分中选取有代表性的数据作为测试用例。以集成动力装置(Intergrated Power Unit,IPU)温度故障诊断为例:当 IPU 温度为 80~85℃时,划分为一级故障(降功率);当 IPU 温度超过 85℃时,划分为二级故障(禁止 IPU)。应用等价类划分法的原则是,对待测功能点编写测试用例时,分别在 IPU 温度取值范围内取任意一个非边界值即可。

②边界值法。也是一种黑盒测试方法,是对等价类划分法的补充。根据长期的测试工作经验可知,大量的错误、故障是发生在输入或输出范围的边界上,而很少是在输入范围的内部。因此针对输入值与输出值的各种边界情况设计测试用例,可以查出更多的错误。在对边界值的设计测试用例时,应遵循以下原则:如果输入条件规定了值的范围,则应取刚达到这个范围边界的值,以及刚刚超越这个范围边界的值(根据测试精度)作为测试输入数据。因为边界值法是等价类划分法的补充,仍以上述 IPU 温度为例,应用边界值法分析,分别取边界值和边界值 ±Δ(Δ 为引起输出变化的测试环境可输入的最小量,即可测试的精度)。

③因果图法。如果在测试时必须考虑输入条件的各种组合,可使用一种适合于描述多种条件的组合,相应产生多个动作的形式来设计测试用例,这就需要利用因果图。因果图方法最终生成的就是判定表。它适合于检查输入条件的各种组合情况。判定表通常由 4 个部分组成。a. 条件桩:列出问题的所有条件,一般不考虑条件的顺序。b. 动作桩:列出问题发生时可能采取的措施,同样不考虑操作顺序。c. 条件项:以真假值来表示,说明该条件使能或失效。d. 动作项:各种不同取值组合条件下的执行动作。规则:在判定表中,包括条件使能或失效及相应执行动作的一列作为一条测试用例。车辆的驱动状态需要各种输入条件共同作用,以纯电动汽车前进驱动为例,利用判定表编写测试用例。

综合以上 3 种方法,根据测试条目的不同,选取合适的一种或多种方法来设计完整的测试用例,使测试覆盖度尽量达到 100%,并最终实现验证整车控制器功能的目的。

（三）台架在环测试方法

前面提及的第三类和第四类将控制对象实物或部件实物放入测试回路的方法被归入台架在环测试方法，如图1-5所示。

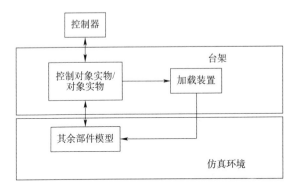

图 1-5　台架在环测试

台架在环测试中，由于待测的对象实物需要加载装置提供力矩、速度或电流等参数，将整个台架系统与其余部件模型构成回路，如图1-6所示，当待测对象为控制对象时还会引入新的控制回路，如图1-7所示。

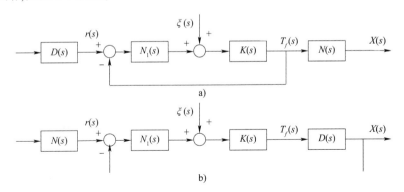

图 1-6　仅有加载机构的台架在环测试系统

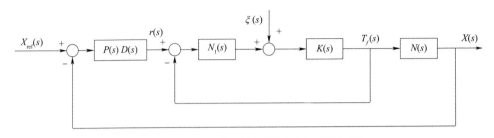

图 1-7　具有加载机构和控制器的台架在环测试系统

图1-6所示为仅有加载机构的台架在环测试系统，$D(s)$表示待测实物部件的传递函数，$\xi(s)$是传感器的噪声信号，$K(s)$是加载机构闭环控制系统的传递函数和传感器传递函数的集合，$N_1(s)$、$N(s)$是其余部件模型。这种系统是一个单输入、单输出的系统，根据输入对象

的不同有以上两种形式,图1-6a)中的输入是通过待测实物部件实施,图1-6b)中的输入是通过需要加载模拟的部件实施,两种方式略微有所区别,但加载系统特性和传感器特性都被引入到系统闭环中。测试系统建设关注传递环节对输入到输出的模拟精度和系统回路的稳定性影响的问题。

图1-7所示为具有加载机构和控制器的台架在环测试系统。其中,$P(s)$是控制器传递函数,$D(s)$是待测实物部件结合的传递函数,$\xi(s)$是测量实物部件输出的传感器导致的噪声信号,与$G(s)$的输出不可拆分;$K(s)$是加载机构的闭环控制系统传递函数;$N_1(s)$、$N(s)$是软件模型,$N_1(s)$的输出作为加载机构的目标值。加载系统特性和传感器特性包含在系统闭环和控制闭环中。测试系统建设关注传递环节闭环控制系统性能影响、系统回路稳定性、模拟精度,其中在不造成系统回路稳定性问题的前提下,系统闭环控制性能较为重要。

(四)实车测试方法

模型在环、软件在环、硬件在环和台架试验适用于控制器、部件、系统或总成的测试,但当把这些零部件或总成组装在一起时,也常常会产生意想不到的故障或问题,所以必须做整车的测试评价。进行整车的测试与评价,一般需要借助于试验场或一些通用大型测试设备。

1. 汽车试验场

汽车试验场是指进行汽车整车道路实验的场所。为满足汽车的实际行驶要求,汽车试验场的主要设施是集中修建的各种各样的试验道路,包括汽车高速行驶的环形跑道、可造成汽车强烈颠簸的凸凹不平的"坏"道路以及动力学广场、坡道、ABS试验路、噪声试验路等,给汽车提供稳定的路面试验条件。汽车试验场有大有小,试验道路的品种和长短也不尽相同,而且随着汽车技术的发展,不断会提出修筑新的试验设施的要求。汽车试验场是重现汽车使用中遇到的各种各样道路条件和使用条件的试验场地。试验道路是实际存在的各种各样的道路经过集中、浓缩、不失真地强化并典型化的道路。汽车在试验场试验比在实验室或一般行驶条件下的试验更严格、更科学、更真实。其主要任务包括:汽车产品的质量鉴定测评;汽车新产品的研发、认证测试;能为实验室试验提供路谱采集条件;汽车法规、标准的研究和测评等。国家智能汽车与智慧交通(京冀)示范区顺义基地汽车试验场的智能网联汽车典型的测试区如图1-8所示。

2. 通用大型试验设备

通用大型试验设备包括环境试验设备、碰撞实验设备、电波暗室和半消声室等。

(1)环境试验设备。为了保障汽车在目标使用环境所有区域的气候环境下发挥期望的性能,需要进行不同环境下的汽车试验。由于实地试验所消耗的时间成本和经济成本过高,往往期望有能够高精度模拟世界各地环境条件的环境试验设备,可以通过室内试验快速检验汽车的环境适应性。常见的环境试验设备有高温环境风洞试验室、低温环境风洞试验室、低压试验室、防尘性能试验室、淋雨洞试验室等。图1-9所示为厦门金龙智能客车在进行环境仓试验。

(2)碰撞试验设备。为了保证车辆的安全性,车辆必须经过严格的碰撞测试检验。最典型的碰撞试验设备是碰撞实验室,一般通过牵引系统将车辆牵引到规定的速度后释放,车辆依靠惯性与固定壁障、蜂窝铝壁障或其他车辆等进行碰撞,检验车辆的车身结构和约束系统是否能够为乘员提供良好的保护。当前一些典型的碰撞试验,比如正面全重叠碰撞、正面40%偏置碰撞、侧碰等都已经形成标准,同时也是汽车碰撞测试确定车辆安全星级的基础。同时,针对车辆的开发,一些更接近现实生活的事故形态,比如正面25%小重叠率碰撞、正面撞柱等,也被纳入碰撞试验中。另外,为提高测试效率同时降低测试成本,台车也是广泛采用的碰撞试验设备。

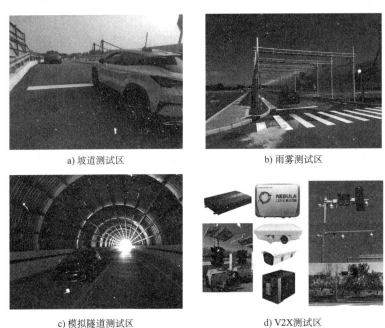

图1-8 国家智能汽车与智慧交通(京冀)示范区顺义基地汽车试验场

图1-9 厦门金龙智能客车进行环境仓试验

(3)电波暗室。随着汽车电子系统占比的逐渐提高,车载电子设备的性能要求越来越重要。由于与工业使用和民用电子设备相比,车载电子设备的振动、温度和电磁等环境相对更为恶劣,为了确保车载电子设备的性能可靠性,往往需要衡量其电磁干扰抗性和电波噪声。因此,往往需要建立电波暗室,排除室外电磁环境的干扰。

(4)半消声室。随着汽车安静性能要求的提升,噪声的相关要求逐渐严格,为了进行有效测量,往往需要采用半消声室。

四 常见的评价方法

在日常生活中,人们常常要参照一定的标准(有客观的标准,也有主观的标准,有比较明确的标准,也有相当模糊的标准,有定性的标准,也有定量的标准),对某一个或某一些特定事物、行为、认识、态度(一般我们可以将这些事物、行为、认识、态度统称为"评价客体")进行各种各样的评价,评价其价值高低或优劣状态,并通过评价达到对事物的认识,进而指导一定的决策行为。因此,"评价"就是人们参照一定标准对客体的价值或优劣进行评判比较的一种认知过程,同时也是一种决策过程,它是人们认识事物的重要手段之一。评价,自古有之,并广泛存在于人类的社会生活中。从中国古代的"论功行赏""科举取士"到近代欧洲的心理测验、武器效能评价,再到今天的教育评价、科研成果评价、综合国力评价、环境质量评价、可持续发展评价、技术评价、经济效益评价等,可以说,评价几乎涵盖了人类所有的活动领域,渗透到了社会生活的方方面面,成为社会科学、管理科学、工程技术领域等多个学科的一个研究热点。系统地介绍评价及评价方法的演变和分类是一项庞大的工程,工作量之大、难度之高,所以在此仅介绍一些在智能网联汽车相关工程领域的通用评价方法和安全领域的评价方法。

(一)常见的通用评价方法

评价需要解决的主要问题是分类、排序和整体评价,评价方法主要围绕此类目的展开。有关系统评价的理论和方法大致可以分为3类:一是以数理理论为基础的方法,它以数学理论和解析方法对评价系统进行定量描述和计算,通常需要在一定的假设条件下进行评价,评价方法主要有模糊分析法、灰色系统分析法、技术经济分析法等;二是以统计分析为主的方法,其特点是把统计样本数据看作随机数据处理,对指标数据进行转化,所得均值、方差、协方差反映指标潜在的规律,通过统计方法对指标体系进行分析,得出在大样本数据下对评价对象的综合认识,评价方法有主成分分析法、因子分析法、聚类分析法、判别分析法、关联分析法、层次分析法等;三是重现决策支持的方法,以计算机系统仿真和模拟技术为主,研究如何使系统的运行和人类行为目标一致,以此得出系统评价结果。

常见的评价方法大致上可以分为:主观评价法,如德尔菲法、专家会议法等;客观评价法,如熵权法、主成分分析法、灰色关联法等;还有一些现代的多指标综合评价的方法,可用于主观评价、客观评价以及二者的结合,如效用函数评价、模糊评价等。

1. 主观评价方法

1)同行评议法

同行评议在科研评价实践中有许多同义词,如专家鉴定(Refereeing)、价值评议(Merit

Review)、同行评价(Peer Evaluation)、同行审查(Peer Censorship)、同行判断(Peer Judgment)等。由于同行评议方法应用广泛,在评价实践中人们常常根据不同的应用场合对其给予不同的界定。

目前,在评价科研成果时应用较为广泛和普遍的方法是同行评议(Peer Review)。根据评价的性质,同行评议可分定性评价和定量评价两种。定性评价法又称为同行专家评估法,所采取的程序一般是将科研成果的有关材料交指定的专家评委组审议,由他们对项目的各项材料深入研究,然后评委们在评审会上对该项目逐项审议,提出各自的评审意见,进行充分讨论、评议,有时还需请科研成果完成者到会答辩。在此基础上用无记名投票的方式确定该项科研成果的水平达到何种等级。

另一种评价方法是定量评价,又称专家评分法。这种方法的基本程序是建立一套评价指标,评委们根据其学识和经验,通过对科研成果的了解、分析、讨论,对成果做出独立的判断,在规定的相应指标栏内打分,最后计算出该成果的加权平均分 $a(i)$ 和评委的平均分 A。根据评审委员与成果主要完成者之间相互知晓程度的科研成果评价方法又可分为面对面、面向背和背靠背评审。面对面评审是指评审委员知道是评谁,被评方也知道是谁评。面向背评审是评审委员知道是评谁,但被评方不知道是谁评的一种评价方法,又称单盲法。背靠背评审是评审委员与被评方互相不知道的一种评价方法,又称双盲法。双盲法已经在很多领域得到应用,如论文发表和国家科技奖励评审方面,甚至在国家各类统一考试(如中考、高考、研究生考试、自考)也可见到这种方法的运用。现在,人们一般认为双盲法是一种较为合理、客观的评价方法,可以有效地克服马太效应及其他社会因素对评价的不良影响。同行评议有许多实施形式,按评价实施的形式来划分,可以分为通信评议、会议评议、调查评议和组合评议。

同行评议法有其局限性,尽管在实际运用同行评议法时,可以结合定性评价和定量评价对科研成果进行综合评价,在一定程度上能客观反映科研成果的实际水平,但这种方法也存在其固有的缺点和局限性:

(1)缺乏选拔高水平的评价专家的科学依据。选择参与评审的专家时,大多数情况下决策者只能凭直觉、印象、资历、名气、地位等"软"因素来进行遴选,其真正的评价水平并不能由此客观地体现出来。

(2)缺少对参与评审的专家的监督和制约。提供评价意见和判断的专家一般都只对本次评审会负责,流动性很大,如果再考虑到无记名投票或打分的方式无法考察每位专家的评价意见和判断是否真正具有科学的预见性和洞察力,更谈不上对科研成果的推广应用负有责任的问题了。而且传统的同行评议法很难最大限度地避免人为或主观因素的消极影响。

(3)缺乏科学有效的事后评价机制。每次评审会议结束,随着实践的检验,科研成果的优劣到底是否客观真实,就要显露出来,如果此时发现科研成果远不如评价时那么好,甚至对社会造成负面影响,那就会给社会科学文化、经济发展带来不可估量的损失。因此应该对参与评价科研成果的专家进行事后跟踪反馈,看看其评价的科研成果是否与其评价意见一致。这也是检验同行专家评价能力的一种手段。

通信评议:评价机构把评估材料寄送给评议专家,专家独立做出书面判断,然后将评议意见反馈给评价机构。

会议评议:即专家组评议,指评价机构事先把相关材料寄送给评议专家,并请专家按指定的时间和地点参加专家评审会,通过讨论和交流,形成集体评审意见。

调查评议:如果评价机构和评审专家对评价对象的情况不太了解,且相关材料缺乏,或者有关数据需调查取得,则可组织专家到现场调查、了解,然后给出评价意见。

组合评议:是根据评价工作的需要,将上述3种评议方法中的某几种组合起来进行评价的方法。

2)德尔菲法

德尔菲法是在专家个人判断法和专家会议法的基础上发展起来的一种专家调查法,它广泛应用在技术预见、社会评价等众多领域,是以专家作为索取信息的对象,依靠专家的知识和经验,由专家通过调查研究对问题做出判断、评估和预测的一种方法,是一种非见面形式的专家意见收集方法和专家及社会智力资源集中、碰撞和集成的方法。德尔菲法是在20世纪40年代由赫尔姆和达尔克首创,1946年美国兰德公司(RAND)首次应用这种方法,主要为了避免集团讨论存在的屈从于权威或盲目服从多数的缺陷。1964年,兰德公司的戈登(T. Gordon)和海默尔(O. helmer)发表了《长远预测研究报告》,首次将德尔菲法用于技术预测中,此后便迅速地应用于美国和其他国家。"主要是由调查者拟定调查表,按照既定程序,以函件的方式分别向专家组成员征询调查,专家组成员又以匿名的方式交流意见,经过两轮的征询和反馈,专家组成员的意见将会逐步趋于收敛,最后获得具有很高准确率的集体判断结果。"其实质是利用专家的主观判断,通过信息沟通与循环反馈,使预测意见趋于一致,以期得到高准确率的集体判断结果。德尔菲法在技术预见中的应用并不是追求结果的精度,而是重点在于把握技术发展的趋势,通过专家的协商交流达成共识,最终付诸实际行动,通过德尔菲法来表达社会各界的意愿,这是典型的技术系统论的具体体现,在实际应用中,德尔菲法成为技术预见的有效工具。

德尔菲法是集中专家意见和智慧的一种方法,所以实施德尔菲法首先要确定专家组的人选。应按照课题设计的知识领域选择、确定专家。专家人数的多少,可根据课题涉及面的大小而定,一般不超过20人。在确定专家组后,一般要进行4轮专家调查咨询。

第一轮:向专家寄出评价对象的有关资料,提出具体的评价问题,请专家做书面答复,并附上必要的背景材料供专家参考。各位专家根据他们所收到的材料,提出自己的评价意见,并说明做出判断的理由。组织者对各位专家的第一次判断意见进行汇总整理,列成图表作比较分析。对于专家做出的数值判断,应该总结这些判断的上下四分位数和中位数。将各位专家的意见加以整理后,将结果和第二轮调查表再分发给各位专家。

第二轮:专家在参考其他专家的判断和看法后,在此基础上再次做出自己的判断,填写第二轮调查表。组织者将所有专家的修改意见收集、汇总,再次总结计算各个评价值的中位数和上下四分位数,并总结判断值在上下四分位数以外的专家给出的理由,将总结结果和第三轮调查表分发给各位专家。

第三轮:专家参考第二轮的结果,对上下四分位数外的对立意见做一个评价;给出自己新的评价;评价值仍然在上下四分位数外的专家,应重述自己的理由;观点改变的专家,也应该说明理由。组织者收集汇总专家意见,再次统计中位数和上下四分位数,并总结专家观点形成第四张调查表。

第四轮:专家填写第四张调查表,再次对问题做出评价和判断。调查表返回后,组织者统计每个事件的中位数和上下四分位数,归纳总结各种意见。逐轮收集意见并向专家反馈信息是德尔菲法的主要环节。在向专家进行反馈的时候,只给出各种意见,并不说明发表各种意见的专家的具体姓名。这一过程重复进行,直到每一个专家不再改变自己的意见为止。一般来说,经过4轮调查后,专家意见会趋向收敛。并不是所有调查都要经过4轮,可能有的调查在第二轮就达到统一,这样第三、四轮就没有必要进行了。如果在第四轮结束后,专家意见仍然没有达成一致,也可以用中位数和上下四分位数来作结论。

2. 客观评价法

所谓客观评价方法,就是评价结果与人的主观因素基本无关的评价方法。常见的客观评价方法主要有以下几种。

(1) 主成分分析(Principle Components Analysis)。是考察多个变量间相关性的一种多元统计方法,它通过线性变换,将原来的多个指标组合成相互独立的少数几个能充分反映总体信息的指标,常被用来作为寻找判断某种事物或现象的综合指标,并且给综合指标所包含的信息以合适的解释,从而更加深刻地揭示事物的内在规律。

(2) 因子分析(Factor Analysis)。可以看作主成分分析的一种推广,因子分析的基本目的是用少数几个变量去描述多个变量间的协方差关系,其思路是对观测变量进行分类,将相关性较高(即联系比较紧密)的变量分在同一类中,每一类的变量实际上就代表了一个本质因子,从而可将原观测变量表示为新因子的线性组合。

(3) 排序法(Technique for Order Preference by Similarity to Ideal Solution,TOPSIS)。逼近理想解的排序法是根据各被评估对象与理想解和负理想解之间的距离来排列对象的优劣次序。所谓理想解,是设想的最好对象,它的各属性值达到所有被评对象中的最优值;而负理想解则是所设想的最差对象,它的各属性值都是所有被评对象中的最差值。用欧几里得范数作为距离测度,计算各被评对象到理想解及负理想解的距离,距理想解越近,且距负理想解越远的对象越优。

(4) 秩和比法(Rank Sum Ratio)。是一种全新的广谱的实用数量方法,是田凤调发明的一种统计学方法。该方法集中了古典参数统计和近代非参数统计各自的优势,通过指标编秩来计算秩和的一个特殊平均数,进而进行综合评价。该方法在国内有较大的影响。

(5) 灰色关联分析(Grey Relational Analysis)。是灰色系统分析的主要内容之一,用来分析系统中因素之间的关系密切程度,从而判断引起该系统发展的主要因素和次要因素。灰色关联分析的实质,就是比较由若干数列所构成的曲线与由理想数列所构成的曲线几何形状的接近程度,从而进行排序,列出评价对象的优劣次序。评价标准是灰色关联度,其值越大,评价结果越好。

(6) 熵权法。熵(Entropy)的概念源于热力学,后由香农引入信息论。信息熵可用于反映指标的变异程度,从而可用于综合评价。设有 m 个待评对象,n 项评价指标,形成原始指标数据矩阵 $X = (X_{ij})_{m \times n}$。对于某项指标 X_j,指标值 X_{ij} 的差距越大,该指标提供的信息量越大,其在综合评价中所起的作用越大,相应的信息熵越小,权重越大;反之,该指标的权重也越小。如果该项指标值全部相等,则该指标在综合评价中不起作用。

(7)复相关系法。用某一指标与其他所有指标进行回归,剔除统计检验不显著的指标,得到调整后的拟合优度 R,则该指标的相对权重就是 $1/R$,最后将所有指标权重标准化以后得到各指标的权重。某指标拟合优度 R 越低,说明该指标包含的信息越多,权重越高。

(8)异系数法。用各指标的标准差除以均值,得到各指标的变异系数,最后将变异系数标准化后得到各指标的权重。变异系数越大,说明该指标数据越活跃,权重越大。

(二)常见的安全评价方法

安全评价是一种应用系统安全工程原理和方法,对工程、系统中存在的危险有害因素进行识别与分析,判断工程、系统发生事故和职业危害的可能性及其严重程度,并根据其危险性制订安全对策措施,提高安全管理水平的过程。这一过程包括危险、危害因素及重大危险源辨识、重大危险源危害后果分析、定性及定量评价、提出安全对策措施等内容。

常见的评价方法是 FMEA 方法。FMEA 是 Failure Modes and Effects Analysis 的缩写,中文含义为失效模式与影响分析。FMEA 是一种"自下而上"的可靠性分析工具,从分析系统中所有组件的详细列表开始,通过一次一个部件地分析整个系统。系统可以有层次的划分为子系统,根据分析的目标,可以对层次结构中的每个分组进行 FMEA。在模块/单元级别中,只需列出该级别的功能失效模式即可。FMEA 可以非常有效地识别设备内潜在的严重失效。这样做可以改变设计以消除严重失效。基于这种原因,做 FMEA 的最佳时间是在项目的设计阶段。FMEA 应该在不改变整个项目的情况下进行设计更改。理想情况下,完成的 FMEA 将没有发现严重失效。

FMEA 基本步骤:列出所有组件。对于每个组件,列出所有已知的失效模式。对于每个组件的失效模式,列出其对更高层次上的影响。对于每个组件的失效模式,列出影响的严重程度。

FMEA 的局限性:由于每个组件都单独进行分析,因此导致严重问题的组合所产生的复合失效未得到辨识。在容错系统中,共因失效很少被识别出来。在 FMEA 期间,操作和维护错误也很难分析,除非辨识人员熟练掌握人的可靠性分析,并认识到由于人为交互而导致的部件失效模式。辨识人员的技能和态度对于 FMEA 的质量非常重要。组件的所有故障模式都必须已知,否则会被忽略。

任何一种安全评价方法都有其适用条件和范围,在安全评价中如果使用了不适用的安全评价方法,不仅浪费工作时间,影响评价工作正常开展,而且会导致评价结果严重失真,使安全评价失败。因此,在安全评价中,合理选择安全评价方法是十分重要的。在进行安全评价时,应该在认真分析并熟悉被评价系统的前提下,选择安全评价方法。选择安全评价方法应遵循充分性、适应性、系统性、针对性和合理性的原则。

(1)充分性原则。充分性是指在选择安全评价方法之前,应该充分分析评价的系统,掌握足够多的安全评价方法,并充分了解各种安全评价方法的优缺点、适应条件和范围,同时为安全评价工作准备充分的资料。也就是说,在选择安全评价方法之前,应准备好充分的资料,供选择时参考和使用。

(2)适应性原则。适应性是指选择的安全评价方法应该适应被评价的系统。被评价的系统可能是由多个子系统构成的复杂系统,评价的重点各子系统可能有所不同,各种安全评价方法都有其适应的条件和范围,应该根据系统和子系统、工艺的性质和状态,选择相对应的安全评价方法。

(3)系统性原则。系统性是指安全评价方法与被评价的系统所能提供的安全评价初值和边值条件应形成一个和谐的整体,也就是说,安全评价方法获得的可信的安全评价结果,必须建立在真实、合理、系统的基础数据之上,被评价的系统应该能够提供所需的系统化数据和资料。

(4)针对性原则。针对性是指所选择的安全评价方法应该能够提供所需的结果。由于评价的目的不同,需要安全评价提供的结果可能有:危险有害因素识别、事故发生的原因、事故发生概率、事故后果、系统的危险性等,安全评价方法能够给出所要求的结果才能被选用。

(5)合理性原则。在满足安全评价目的、能够提供所需的安全评价结果的前提下,应该选择计算过程最简单、所需基础数据最少和最容易获取的安全评价方法,使安全评价工作量和要获得的评价结果都是合理的,不要使安全评价出现不必要的工作和麻烦。

技能实训

L3级自动驾驶汽车功能测试评价

(1)测评对象:具备L3级自动驾驶功能的新能源汽车一辆。

(2)测评内容及过程:

①智能网联汽车测试评价相关标准规范的查询。

②选择对某款车自动驾驶功能的测试内容。

③车辆符合性检查。

④设备符合性准备。

⑤封闭场地测试条件检查。

⑥实车验证某款车的自动驾驶中的某项功能及数据收集。

(3)编写测评报告。

思考与练习

一、判断题

1. 智能网联汽车是指搭载先进的车载传感器、控制器、执行器等装置,并融合现代通信技术,使车辆具备复杂环境感知、智能化决策与控制功能,能综合实现安全、节能、环保及舒适驾驶的新一代汽车。（　　）

2. 丰富的测试环境能够使智能网联汽车在不同的条件下开展测试,为各测试示范区测试数据共享后的数据多样化和全面性提供了基础条件。（　　）

3. 在汽车涉及的各种控制算法开发流程中,为了降低研发成本,更早地发现算法中存在的问题和错误,常常需要在设计阶段进行相应的测试,在实际控制器完成之前可以进行的测试主要是模型在环测试和软件在环测试。（　　）

4. 《国家车联网产业标准体系建设指南（智能网联汽车）(2023版)》中明确指出：到2030年,即第一阶段系统形成能够支撑组合驾驶辅助和自动驾驶通用功能的智能网联汽车标准体系。（　　）

二、选择题

1. (　　)拥有测试场景搭建方便、测试过程无安全隐患、可重复、成本低和效率高的特点。
   A. 虚拟仿真测试　　B. 封闭场地测试　　C. 开放道路测试　　D. 以上都是

2. 我国智能网联汽车测试评价技术路线图中明确到2025年左右,构建出反映中国区域交通环境和气候特征的中国典型驾驶场景数据库;同时(　　)。
   A. 虚拟仿真测试模型实现在环90%场景覆盖、硬件在环80%场景覆盖
   B. 建立车辆智能化、网联化能力与开放道路等级匹配制度
   C. 实现有条件自动驾驶及以下智能网联汽车测试专用设备和软硬件系统的自主研发和生产
   D. 形成有条件自动驾驶完整的智能网联汽车测试评价体系、产品测试认证规范和流程

3. 以数理理论为基础的评价方法主要有(　　)等。
   A. 主成分分析法　　B. 模糊分析法　　C. 灰色系统分析法　　D. 技术经济分析法

4. 选择安全评价方法应遵循的原则除充分性、适应性外,还有(　　)。
   A. 系统性　　B. 针对性　　C. 冗余性　　D. 合理性

三、简答题

1. 如何测试智能网联汽车？
2. 已经完成控制器、部件、系统和总成等测试工作后,是否还要进行整车的测试评价？
3. 汽车试验场的主要任务包括哪些？
4. 常见的客观评价方法主要有哪几种？

模块二 智能网联汽车"端管云"测试评价技术

学习目标

▶ 知识目标

1. 描述智能网联汽车"端管云"测评技术的概念;
2. 解构智能网联汽车测评技术的框架;
3. 比较智能网联汽车终端测试评价技术;
4. 分析智能网联汽车网络测试评价技术;
5. 解释智能网联汽车服务系统测试评价技术。

▶ 技能目标

1. 执行完成与智能网联汽车对环境感知传感器的测试评价;
2. 选择完成某款汽车车载网络中关于总线的测试;
3. 选择完成某款汽车车载智能终端应用软件的测试;
4. 掌握大数据测试流程。

▶ 素养目标

1. 通过对智能网联汽车"端管云"测试评价技术的系统学习,使学生建立起系统的理念,培养学生的全局观;
2. 通过对智能网联汽车终端测试评价技术的学习,使学生能根据作业标准完成终端测试工作,培养学生认真负责的职业素养;
3. 通过智能网联汽车网络测试评价技术的学习,使学生更熟悉协议的作用,培养学生的契约精神;
4. 通过智能网联汽车服务系统测试评价技术的了解,使学生了解信息技术的强大,培育学生独立思考、团队合作的能力。

建议课时

6课时。

一 智能网联汽车"端管云"测试评价技术框架

(一)智能网联汽车"端管云"测试评价的挑战和目标

智能网联汽车是一种极其复杂的系统,所处的实际驾驶环境要素繁多、复杂多变,其测试和评价体系开发还面临着许多不确定性,总结起来有如下挑战:多种新型传感器的组成,包括视频传感器、雷达传感器、激光雷达传感器、超声波传感器、车对车(Vehicle to Vehicle,V2V)通信、车对道路设施(Vehicle to Infrastructure,V2I)通信、全球定位系统(Global Positioning System,GPS)传感器、高精度地图等,不少传感器还带有数据分析处理智能子系统,测试和评价必须充分考虑这些特点,并有效开展针对性的测试和评价;考虑这些新型传感器本身还存在一些弱点,传感器数据融合对于构建车辆外部的整体环境非常必要,对于测试来说,需要考虑所有传感器的数据同步性,数据的不同步会造成数据融合算法的错误;智能网联汽车所处的驾驶环境复杂,除了道路设施外,交通参与要素如车辆、行人也是需要重点考虑的内容,其中有人驾驶的车辆还面临很多的不确定性,他们会根据智能驾驶车辆做出自己的判断改变行车的控制。如经过十字路口遇有来车时有的驾驶人可能会快速地制动,而有的可能会缓慢制动,所以对于不同驾驶人的不同驾驶行为也需要在测试和评价时充分考虑;天气等因素会严重影响智能网联车辆的传感器性能,如雨、雪、雾、光照、温度等,车辆的测试需要在不同的天气环境下进行。

综上所述,我们所面临的这些不确定性是我们在进行测试评价体系建设时必须充分考虑的因素,最终所要实现的目标就是充分和有效地验证车辆在纷繁复杂的驾驶场景下具备的功能是否满足客户的预期用途和要求。充分性是指测试和评价体系能够充分体现用户的使用要求,能够充分反映实际驾驶环境的各种场景、工况;有效性是指所测试的评价方法确实有效,一是能够满足智能网联车辆开发周期的需求,二是所使用的方法能够有效地验证智能驾驶功能的好坏,能够有效评价车辆系统的一致性和可靠性。

(二)智能网联汽车"端管云"测试评价的方法分析

为了满足智能网联汽车测试和评价充分性和有效性的要求,必须要有合适的验证方法。智能网联汽车验证最有效的方法就是道路测试,让汽车在实际驾驶的复杂场景、工况下进行实车测试,德国达姆施塔特工业大学的 Winner 教授提出要充分验证智能网联汽车的有效性,至少需要 $1 \times 10^8 \text{km}$ 的实际道路行驶里程才能保证自动驾驶汽车具备人驾驶车辆的安全性。考虑整车厂一种平台的车型会有多种型号,且这些车辆的配置、软件版本相当复杂,全部以实际道路测试来验证显然不符合产品开发周期的要求。

为了在规定的时间内完成智能网联汽车的测试和评价,需要对驾驶场景组成的三大要素"人、车、环境"进行研究,考虑是否可将其中的部分或全部要素进行模拟或虚拟,以便进行模拟测试和仿真测试,从而大大缩短测试和评价的周期。智能网联汽车测试和评价的方法由仿真、驾驶模拟、受控场地测试、实证试验构成,这 4 种方法中其组成的场景三大要素"人、车、环境"的真实度逐渐提升,在仿真测试方法中人、车和环境均为虚拟模型,在驾驶模拟方法中车和环境是虚拟的;受控试验是指在受控的场地通过模拟的驾驶场景进行的测试活动,实证试验是指在公共道路实际驾驶场景下进行的测试活动,在受控试验中人、车是真实的,环境则是通过实物模拟重建的形式实现,实证试验中所有要素都是真实的。根据这4种方法的特点,分别应用于系统和整车的测试评价,仿真测试和模拟测试多用于零部件和系统的测试,根据需要可将所需测试的零部件或系统(如视觉感知系统、车辆控制系统等)放入测试环境中,灵活性较大;受控测试和实证测试多用于整车测试,可用于车辆的标定及性能验收,这4种方法的组合使用可极大缩短验证周期,提高测试评价的有效性,在产品开发过程中需要结合产品开发流程有针对性地使用。

(三)智能网联汽车"端管云"测试评价的技术框架

智能网联汽车"端管云"测试评价的技术架构可划分为3个层次:"终端""管理端""云端",见表2-1。其中"终端"包括汽车中的软件与硬件,硬件如速度、位置、压力等传感器,车载总线控制器局域网络(Controller Area Network,CAN)、面向媒体的系统传输总线(Media Oriented System Transport,MOST)等;软件如车载操作系统、嵌入式控制软件、车载及智能终端应用软件等。"管理端"是指汽车的终端到服务端的通信媒介和接口,如车载自动诊断系统(On Board Diagnostics,OBD)服务终端、车载信息服务终端(Telematics BOX,T-BOX)、车用无线通信技术(Vehicle to Everything,V2X)、5G等。"云端"指的是汽车的远程服务,其中包括汽车远程服务提供商(Telematics Service Provider,TSP)、大数据和云计算平台等。

智能网联汽车"端管云"3个层次   表2-1

	车载操作系统	车载及智能终端应用软件	嵌入式控制软件
终端	CAN/MOST 等		
	速度、位置、压力等传感器	激光、毫米波雷达,中、长距雷达	
	3D 摄像机	夜视摄像机	超声波器
管理端	TCP/UDP	Wi-Fi/GPS 定位/RFID	5G/无线局域网
	DSRC、LTE-V	T-BOX	OBD 服务终端
云端	大数据	云计算平台	TSP

将以智能网联汽车的测试评价技术框架为依托,分别对智能网联汽车的终端、网络、服务系统的测评技术进行研究。

二 智能网联汽车终端测试评价技术

智能网联汽车车辆端部件和系统的测评技术包括车载的不同种类传感器,车载CAN、MOST等总线,车载操作系统,嵌入式控制软件,车载及智能终端应用等的测评技术。

(一)测试对象

1.传感器

在汽车运行的过程中,分布于其车身各个部分中的传感器会进行其各种状态信息的采集,并将采集到的信息转化成为电信号,将其传输至汽车的中央控制单元中。在实际的应用中,汽车的导航系统、底盘控制系统、车身控制系统以及发动机控制系统中都分布有一定数量的传感器,汽车运行过程中的同一个状态信息可以被几种不同的传感器检测到,也可以由一个传感器进行汽车运行过程中多种状态信息的采集。

随着各项技术的进步与经济水平的提升,汽车行业的发展速度非常快,其更新换代的速度也是非常快,与之相对应的,汽车传感器的发展速度也在不断加快。在现有的基础上,汽车传感器主要是朝着智能化、集成化、多功能化的方向发展,其中的智能化主要是指在实际的应用中,在传感器的基础上有效地结合大规模的集成电路,使传感器系统中带有专用的微型计算机,使其实际应用中具有非常好的应用效果;集成化主要是指应用相关的半导体特性材料制作成单片集成电路传感器,也可以将相应的小型传感器在硅片上进行制作,如霍尔电路、集成化的温度传感器等,其在实际的应用中具有非常好的应用效果;多功能主要是指同一个传感器可以实现汽车运行状态中多个状态参数的检测。随着信息处理技术、生物化学、光电子、微电子等行业的发展,光学纤维、陶瓷、半导体等各种材料逐渐应用于汽车传感器中,随着各项技术的进步,将会有更多的新工艺与新材料应用到汽车传感器的制造中,其使用性能将更高,并且在实际的应用中,其可靠性将会得到进一步提升。智能网联汽车主要是应用在环境感知方面的传感器,主要有超声波雷达、毫米波雷达、激光雷达、单/双/三目摄像头、环视摄像头以及夜视设备等。

2. 车辆总线

之前传统汽车控制器与各分系统是相互独立的,后来传感器、控制器和执行器等车辆电子装置增加,连接车辆电子装置线束越来越长,成本不断提高,故障点也逐渐增多,导致故障检修困难。汽车总线技术就是在此背景下发展起来的,最早出现的是 CAN 总线,采用 CAN 总线型拓扑结构,可减少车辆 50% 电子线束长度,降低故障率。在电子零部件日渐增多、信息传输量迅速增长背景下,车辆电子系统信息化和网络化发展势不可挡。传统的基于 CAN 总线的电子电气网络无法适应车辆对电子信息系统的需求,特别智能网联汽车上的需求,局域互联网络(Local Interconnect Network,LIN)、Flex Ray(Flex Ray Consortium)、Most 等各种车辆总线技术应运而生。

认识 LIN 总线

LIN 总线是针对汽车分布式电子系统而定义的一种低成本的串行通信网络,是对控制器区域网络(CAN)等其他汽车多路网络的一种补充,适用于对网络的带宽、性能或容错功能没有过高要求的应用。LIN 总线是基于串行通信接口(Serial Communication Interface,SCI)数据格式,采用单主控制器/多从设备的模式,仅使用 1 根 12V 信号总线和 1 个无固定时间基准的节点同步时钟线,是 UART 中的一种特殊情况,结构如图 2-1 所示。LIN 是一种低成本的串行通信网络,用于实现汽车中的分布式

图 2-1 LIN 总线网络结构

电子系统控制。LIN 的目标是为现有汽车网络(例如 CAN 总线)提供辅助功能,因此 LIN 总线是一种辅助的总线网络。在不需要 CAN 总线的带宽和多功能的场合,比如智能传感器和制动装置之间的通信使用 LIN 总线可大大节省成本。LIN 技术规范中除定义了基本协议和

物理层外还定义了开发工具和应用软件接口。

Flex Ray 是戴姆勒克莱斯勒公司的注册商标。Flex Ray 联盟推进了 Flex Ray 的标准化，使之成为新一代汽车内部网络通信协议。Flex Ray 是继 CAN 和 LIN 之后的最新研发成果，可以有效管理多重安全和舒适功能。Flex Ray 适用于线控操作，关注的是当今汽车行业的一些核心需求，包括更快的数据速率、更灵活的数据通信、更全面的拓扑选择和容错运算。CAN 网络最高性能极限为 1Mbit/s。LIN 和 K-LINE 分支网络最高性能极限为 20kbit/s。而 Flex Ray 两个信道上的数据速率最大可达到 10Mbit/s，总数据速率可达到 20Mbit/s，因此，应用在车载网络，Flex Ray 的网络带宽可能是 CAN 的 20 倍之多。Flex Ray 还能够提供很多 CAN 网络所不具有的可靠性特点。尤其是 Flex Ray 具备的冗余通信能力可实现通过硬件完全复制网络配置，进行进度监测，并同时提供灵活的配置，可支持各种拓扑，如总线、星形和混合拓扑。设计人员可以通过结合两种或两种以上的该类型拓扑来配置分布式系统。另外，Flex Ray 可以进行同步实时和异步的数据传输，来满足车辆中各种系统的需求。例如，分布式控制系统通常要求同步数据传输。因此，Flex Ray 可以为下一代的车内控制系统提供所需的速度和可靠性，未来将为引导整个汽车电子产品控制结构的发展方向。

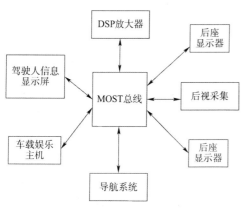

图 2-2 车载 MOST 总线

MOST 面向媒体的系统传输总线，如图 2-2 所示，MOST 是汽车业合作的成果，而不具备正式的标准。MOST 总线是作为宝马公司、戴姆勒克莱斯勒（Daimler Chrysler）公司、Harman/Becker 公司（音响系统制造商）和 Oasis Silicon Systems 公司之间的一项联合。其后在 1998 年，参与各方建立了一个自主的实体，即 MOST 公司，由它控制总线的定义工作。Oasis 公司自己保留对 MOST 命名的权利。由一家独立的测试机构负责产品的认证过程，例如 Ruetz 技术公司。除了顺从性测试以外，Ruetz 公司还为 MOST 总线系统开发提供使用的软、硬件分析工具，以及 MOST 系统的培训。MOST 总线专门用于满足要求严格的车载环境。这种新的基于光纤的网络能够支持 24.8Mbit/s 的数据速率，与以前的铜缆相比具有减轻质量和减小电磁干扰（Electromagnetic Interference，EMI）的优势。MOST 传输协议由分割成帧的数据块组成，每一帧包含流数据、分组数据和控制数据。MOST 的定义是非常普通的，允许采用多种拓扑结构，包括星形和环形，大多数汽车装置都采用环形布局。一个 MOST 网络中最多可以有 64 个节点。一旦汽车接通电源，网络中的所有 MOST 节点就全部激活，这对低功耗、停电模式设计是一大重点，包括系统处在该种状态下的功耗量以及如何进入状态。MOST 节点在通电时的默认状态是直通，即进入的数据从接收器直接传送至发射器，以保持环路的畅通。MOST 的数据传送使用 512 字节的帧，以及 16 个帧的块。每个帧的内部除了前导码和其他内部管理位以外，还包含有同步、异步和控制数据。总线是完全同步的，设计师可将网络内的任何设备指定为主设备，其他所有节点都从主设备处获得自己的时钟。网络完全是即插即用的,当上电或有连接改变时,有一个寻找设备的过程,主节点上保持着一个所连设备的中心注册处。

3. 嵌入式软件系统

传统的汽车电子控制软件是与汽车电子控制单元(Electronic Control Unit,ECU)紧密联系在一起的,最初汽车电子从模拟电路转变为数字电路时,每个控制单元软件都是独立定制开发的,且只包含核心控制逻辑,这导致了控制软件开发的巨大成本。为了在市场竞争中保持优势,汽车电子应用开发企业不得不采用更先进的工具,采取自动化的方式提高软件的开发效率。自动化开发规模的持续增长使得微型操作系统、中间件等技术逐步应用到汽车 ECU 中。

2003 年,全球大多数汽车制造商、部件供应商及其他电子、半导体和软件系统公司联合成立汽车开放系统架构(AUTomotive Open System Architecture,AUTOSAR)联盟,致力于为汽车工业开发一个开放的、标准化的软件架构,并于 2006 年正式发布相关规定。AUTOSAR 十分综合全面,更强调软硬件的分离和即插即用,因此也更为复杂。AUTOSAR 作为基于整体汽车电子的开放性开发架构,包括汽车电子功能划分、ECU 统一软件架构、ECU 软件开发过程等整套的方法和理论。目前 AUTOSAR 标准仍处于推广阶段,即使采用 AUTOSAR 标准,考虑到 ECU 硬件的存储容量和计算能力,各个汽车电子厂商尚未实现完全功能的 AUTO-SAR,一般都采用简化版本,而根据客户和应用领域的不同,这些简化版本之间仍有很大的差别。

4. 车载操作系统

智能网联汽车操作系统是一种对汽车硬件、软件资源程序进行管理的系统,相当于此类汽车产品的终端,主要具备自主判断路况、设定行驶策略、控制硬件执行策略的功能,同时也具有良好的人机交互性,人工可以实时查看系统控制情况,若有需要可以接手进行控制。在系统构成上,智能网联汽车操作系统主要由应用框架与应用引擎接口、运行平台层、中间件、内核组成,且同时与汽车应用软件、用户、车载硬件进行交互连接,实际应用时具有良好的灵活性与便捷性。

智能网联汽车操作系统在国内相关领域中得到了广泛重视,如国内知名企业集团华为、中兴、百度、阿里、腾讯等都对汽车操作系统发展进行了投资,目的在于加速智能网联汽车发展,其中操作系统的开发更是所有企业所重视的。就发展现状而言,中兴集团在 VxWorks 操作系统的基础上研发出了一种嵌入式的智能网联汽车操作系统,该系统的安全可控性优秀,能在不同场景下满足用户需求,该系统目前在功能、信息安全方面已经实现了有效布局,但出于可靠性的严谨,还需要经过一段时间的测试与完善才能正式投入实际应用;阿里集团本身在人工智能、云计算、大数据等领域中存在优势,因此在智能网联汽车操作系统开发中,该集团充分发挥自身优势,专门针对汽车底层操作系统进行了研发,现已推出了相关操作系统 Ali OS,该系统在底层交互、安全设计、功能体系上有优异表现,非常适合用于智能网联汽车。

5. 车载及智能终端应用软件

车联网的系统网络拓扑结构包括智能终端、处理中心、监控中心和数据处理中心这四个部分。每辆车都安装有后装式的智能终端,它由感知设备、信息处理设备和通信模块等组成。数据处理中心是整个智能终端的重要组成部分,负责保证信息的准确传输和处理。监控中心包括固定监控端和移动监控端两部分。固定监控端由人员调度和呼叫中心等核心部分组成。呼叫中心负责处理来自智能端的语音请求,以便及时了解驾驶人的需求,并且屏幕能够显示车辆数量、行驶速度、路况等各种信息。移动终端包括很多设备,比如手机或者笔记本,通过这些设备能够及时地反映车辆的基本信息以及路况,保证驾驶人做出及时的调整。系统软件包括嵌入式车载终端软件、服务器端软件和远程监控软件三部分。其中,嵌入式车载终端主要是包括身份认证、信息采集、信息处理、信息获取等功能。服务端的软件主要是通过负责接收来自车辆终端和监控终端的请求,完成信息请求和获取。远程监控软件向服务器发出请求,实现在线车辆动态定位、现场图片查看、历史轨迹查看、调度管理等功能。

(二)环境感知方面的传感器

目前对智能网联汽车环境感知方面的传感器的测试和评价还没有统一的标准,将以厦门金龙客车在实际测试过程中的三类感知传感器来说明测试方法和评价方法。

1. 毫米波雷达

测试方法包括:最小和最大探测距离测试、水平横向宽度测试、定点精度测试、不同车速下最大检测目标距离、不同车速下检测目标精度、动态跟踪测试。

(1)最小探测距离:自车静止,目标车辆、行人从相距20m处倒车或步行慢慢靠近自车,直至上位机目标车辆、行人消失,记录相应数据。

(2)最大探测距离:自车静止,目标车辆、行人从相距60m处行走远离自车,直至上位机目标车辆、行人消失,记录相应数据。

评价方法:AEBS的最小检测距离应不大于2m,对目标车辆的最大检测距离应不小于150m,对行人的最大检测距离应不小于60m。

(3)水平横向宽度测试:自车静止,目标车辆、行人与自车的行驶方向一致。在测试开始前,自车位于车道线中心,分别将目标车辆、行人置于车道最左侧和最右侧,车头方向应与自车行驶方向一致,各进行一次测试。左侧检测宽度测试时,目标车左侧车轮压自车左侧车道线;右侧检测宽度测试时,目标车右侧车轮压自车右侧车道线。当自车距离目标车辆200m时,测试开始,目标车辆倒车接近自车,当自车与目标车辆距离150m时应检测出车辆。自车与行人距离60m时,应在规定横向距离内检测出行人。

评价方法:AEBS对目标车辆、行人在最大检测距离位置的最小检测水平横向宽度应不小于3.75m。

(4)定点精度测试:自车静止,目标车辆、行人在10m处时,上位机进行数据采集;目标车辆、行人移动到20m处,上位机进行数据采集;目标车辆从30m、40m、50m……一直到180m处结束。

评价方法:算法计算得到的目标车辆、行人位置信息与实际位置信息偏差不超过±10%。

(5)不同车速下最大检测目标距离:目标车辆或行人静止,与自车的行驶方向一致,在达到测试开始前,自车和目标车辆或行人中心线保持一致。当自车距离目标车辆或行人250m时,测试开始。自车分别以车速15km/h、20km/h、30km/h、40km/h、50km/h、60km/h的速度匀速接近目标车辆或行人,记录识别最大检测距离值。

评价方法：在不同车速下目标车辆的最大检测距离应不小于150m，对行人的最大检测距离应不小于60m，误差范围在5%。

(6) 不同车速下检测目标精度：目标车辆或行人静止，与自车的行驶方向一致，在达到测试开始前，自车和目标车辆或行人中心线保持一致。当自车距离目标车辆或行人250m时，测试开始。自车分别以15km/h、20km/h、30km/h、40km/h、50km/h、60km/h的速度匀速向目标车辆行驶，并记录传感器CAN数据（识别目标的总帧数、虚报数量、漏报数量），进行数据后处理分析。

评价方法：车辆运行时，记录传感器CAN数据，统计识别目标的总帧数、虚报数量、漏报数量，虚报占比应小于5%，漏报占比应小于5%。

(7) 动态跟踪测试：在封闭场景下和公共道路上进行跟车行驶，对车辆前方路况进行拍摄，同时记录雷达的原始数据，通过分析判断目标距离准确性和跟踪稳定性。

评价方法：在动态跟踪测试中，AEBS应能够实时准确识别自车前方障碍物，错检、漏检率应低于5%。

2. 超声波雷达

针对超声波雷达进行性能测试，分别从超声波雷达工作性能、识别敏感度、探测精度、工作稳定性、抗干扰性能等方面进行验证测试。

超声波雷达

1) 探测距离及角度

测试方法：根据雷达的水平方向角，大致框选出雷达角度及距离探测范围；用金属杆从近及远测试雷达反馈，获取最大及最小探测距离和大概的水平方向角；将金属杆平放在地上，获取雷达的照地距离。

2) 定点精度测试

测试方法：将不同障碍物分别放置于距离标识处，查看探测值进行相应数据的记录。

3) 工作稳定性

测试方法：分别将金属杆、纸箱、行人置于1.5m或2m（雷达测量较远）处，通过上位机软件计算一段时间内显示的数据；将2个金属杆置于1m及1.5m处，通过上位机软件计算一段时间内显示的数据，查看记录显示值并做相应数据的记录。

4) 动态测试

测试方法：将障碍物摆放至超声波雷达正前方若干距离，缓慢起动车辆，并靠近障碍物，查看探测距离及跟踪目标稳定性，查看探测值并进行相应数据的记录。

5) 干扰测试

(1) 声波干扰：用不同雷达探头进行照射，查看数据情况。

(2) 电磁干扰：磁性物体靠近探头，查看工作情况。

针对某款超声波雷达最终的评价指标有：对材料识别敏感度；探测距离及角度；动态持续跟踪稳定性；抗干扰能力。

3. 激光雷达

在完成激光雷达装车标定后，可以分当前车辆处于静态和动态两种情况，分别测试以下内容。

(1) 对前车的识别情况，与前车距离1m、2m、3m……直到10m，测试并记录识别结果。

(2) 对前方 4m 激光雷达视场角 (Field of View, FOV) 内, 不同障碍物的识别情况, 如行人、骑车人、小孩、宠物等, 依据实际应用场景而定。依次以半径为 1m、2m、3m、4m 做圆, 从 -60°~60°之间每 15°取一个位置, 测试并记录识别结果。

(3) 车辆以场景要求的车速行驶, 左转或者右转过弯时候, 设置不同障碍物, 如行人、骑车人、小孩、宠物等, 依据实际应用场景而定, 横向距离车辆中心 5m、4m……递减至车辆正中心, 测试并记录识别情况。

整体识别正确率须达到 95%以上, 为通过整体标定测试。

(三) 车载总线的测试技术

激光雷达

在 CAN 总线开发流程中, 需要对所开发的 CAN 总线节点和总线系统进行验证与确认, 既要检查所开发的 CAN 总线节点设备是否符合设计规范, 即"是否正确地做了产品", 又要检查集成后的 CAN 总线系统是否满足初始需求, 即"是否设计了正确的产品"。CAN 总线测试可以分为单节点测试和总线系统集成测试两部分。在系统集成之前, 需要对单个节点设备进行测试, 用以确定节点工作正确并且不会干扰总线的正常通信。总线系统集成测试则是将各个节点都连接形成完整的 CAN 网络, 对集成后的系统进行测试以验证整个系统运行的完整性和正确性、系统的通信鲁棒性、电器鲁棒性以及系统的容错自恢复功能等。不论是单节点测试还是系统集成测试, 测试的内容按照通信层次可分为: 物理层测试验证、数据链路层测试、应用层测试。

物理层测试验证: CAN 节点及 CAN 总线网络在电路设计、物理电平特性等方面的性能, 保证节点能够正确接入总线。

数据链路层测试: 测试单个节点的数据链路层参数, 确保 CAN 网络集成后总线通信性能的一致性。

应用层测试: 包括应用层协议的测试、网络管理功能测试和故障诊断测试等方面的内容。通过此测试检测每个 CAN 节点是否按照系统的 CAN 总线通信规范实现了应用层协议, 是否实现了相应的诊断功能, 以及 CAN 网络集成后的网络管理功能是否达到了要求。

1. CAN 总线测试平台

网络测试必须先进行单元测试, 然后才是系统集成测试。针对单个节点网络的 CAN 总线测试平台的组成结构如图 2-3a)和图 2-3b)所示; 针对整个 CAN 总线测试平台的组成结构如图 2-3c)所示。

2. CAN 总线测试方法

1) 单元测试

认识 CAN 总线

单元测试中只有一个被测设备。单节点的物理层测试主要目的是验证节点在电路设计、物理电平特性等方面的性能, 这是保证节点能够正确接入总线的基础。测试项目主要包括节点的电阻电容特性、节点差分电阻、总线终端电阻、CAN 总线上的物理电平特性等方面。数据链路层测试则包括了位定时测试、采样点测试、SJW 测试等内容, 该测试内容主要用以保证各个节点的通信参数能够保持一致性, 在组成网络时能够正常有效地工作。

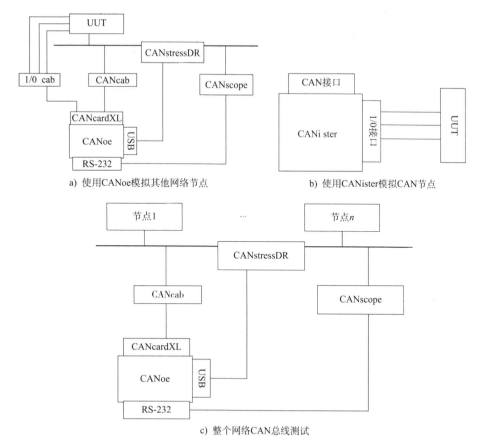

图 2-3　CAN 总线测试平台

使用 Vector 公司提供的 CAN 总线干扰仪 CAN stress DR(数字和阻抗网络)和网络示波器 CAN scope 可以很好地实现对物理层和数据链路层的测试。

CAN stress DR 是一种向 CAN 总线产生物理层和数据链路层干扰的设备,能够产生一系列的错误模式,实现以下功能:①总线失效评估;②CAN 系统失效;③电子控制单元协同开发测试;④CAN 控制器的干扰;⑤可编程短路和断路。

CAN scope(总线分析仪)则是一个便捷的 CAN 总线波形示波器,能够显示总线 CAN-H/CAN-L 电平和差分电压;使用眼图评估信号品质;比较不同的电压曲线。

在物理层和数据链路层测试过程中,使用 CAN stress DR 向被测单元制造出测试所需的干扰信号以及总线故障等测试环境,并使用网络示波器 CAN scope 捕捉 CAN 总线物理层的电平信号,通过评估来验证和确认节点在电路设计、物理电平特性等方面的性能,确保节点能够正确接入集成后的网络。

单节点应用层测试则包括了上层应用协议的测试、网络管理功能的测试、故障诊断测试和功能测试等方面的内容。主要包括:数据库使用正确性测试、通信周期准确性测试、节点休眠唤醒功能测试、网络管理功能测试、网关测试、错误帧频率测试、电压影响测试、总线物理故障测试、节点故障自恢复能力测试、通信失败的故障诊断功能测试等。

在实验室环境下,通过 CAN 卡与被测单元建立 CAN 通信连接,通过输入输出端口

(Input/Output,I/O)接口电缆的 IOcab 获取被测单元的 I/O 信号。这样,就可以在 PC 机上使用总线开发环境(CAN open environment,CANoe)软件建立网络中其他节点的仿真模型,以半物理仿真的形式测试被测单元的功能和通信性能。

CAN 总线系统级设计和分析软件 CANoe 为单元测试提供的多种具有不同功能的分析评估窗口,如文本数字形式的总线报文跟踪 Trace 窗口、信号观测 Data 窗口、图形化信号时域行为动态显示 Graphics 窗口等。这些强大的分析评估窗口为 CAN 节点单元测试提供了便利。

在现场环境下,可使用 Vector 提供的手持式快速原型 CAN 节点设备 CAN ister 模拟网络中的其他节点对被测单元进行测试。CAN ister 具有丰富的 I/O 接口和标准的 CAN 总线接口,并可以通过配置软件方便地设置其软件功能,很好地模拟网络中的其他节点。通过 CAN ister 向被测单元输入 CAN 报文和相应的 I/O 信号,然后观察被测单元的控制动作,就可以对被测单元的功能进行逐一测试。

2)集成测试

在单个节点测试通过后,需要将所有节点连入网络,进行 CAN 总线系统集成测试,测试集成后的网络性能。

在集成测试过程中,仍然利用 Vector 提供的测试软件 CANoe 观测总线通信的报文以及信号,检测总线的错误帧、总线负载率等信息。CANoe 还提供了测试软件包,能够使用扩展的编程功能编写测试流程,控制 CAN stress DR、CAN scope 等工具,并支持 XML 编写的测试脚本,实现自动化测试流程,将测试结果自动生成 XML 和 HTML 测试报告。

集成测试包含了更多的物理层和数据链路层测试项目,仍然使用 CAN scope 和 CAN stress DR 进行。在系统集成后,需要观测系统长期工作的稳定性。这时候可以使用 Vector 提供的 CAN 总线记录仪 CAN case XL log。通过 PC 机配置软件设置好 CAN case XL log 的工作方式后,CAN case XL log 可以在无人值守的条件下自动记录 CAN 总线上发生的报文。测量过程记录的总线数据可以方便地在 CANoe 中进行回放,为工程人员进行事后离线分析提供了便捷的途径。

(四)嵌入式软件系统测试技术

由于嵌入式系统的专用程度较高,所以对其可靠性的要求也比较高,而系统的整体继承性则相对较小。为了保证系统的稳定性,避免由于其可能出现的失效而导致灾难性的后果,要求对嵌入式系统,包括嵌入式软件进行严格的测试、确认和验证。基于嵌入式软件自身的特点,传统的软件测试理论不能直接用于其测试,因此,研究嵌入式软件的测试有重要意义。

目前,软件实现的功能由原来的 20% 左右提高到现在的 80% 左右,软件在装备中的作用日显突出,从而导致软件在装备使用过程中发生问题的情况也越来越多。据统计,在嵌入式设备中,由于软件引发的故障占整个故障的 70%~80%,如何减少软件故障成为软件界面临的严峻挑战。软件系统测试是一种验证软件功能和发现软件内部缺陷非常有效的手段,是保证软件质量的重要途径,特别是软件独立测试已引起了国内外软件业的高度重视。

1. 嵌入式软件系统测试策略

嵌入式系统软件的最终运行环境是在资源相对稀少的嵌入式平台上,而一般软件可能运行在高性能的 PC 机或超级计算机之上。一般软件的单元测试、集成测试、系统测试和确认测试策略,在适当条件下,同样适用于嵌入式系统软件的测试。这种适当的条件,我们也可以看成是嵌入式系统软件测试的独特策略。在嵌入式系统中,开发环境称为主机(Host)平台;最终运行环境称为目标(Target)平台。嵌入式软件开发有两种典型的开发方式:一种是在实际目标平台上开发源代码,包括编辑、编译和调试;另一种是使用主机平台编辑和编译源代码,之后将可执行代码移到目标机上调试。后一种方法也称之为交叉开发,如图2-4所示。

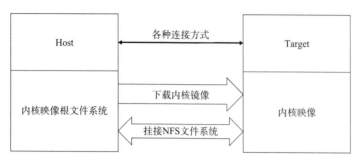

图 2-4 交叉开发模型

目标机和主机的运行速度差别使得交叉开发方法成为最好的选择。这样的交叉开发环境,同时也提供了交叉测试的环境。交叉开发的有利因素同样在交叉测试过程中得到体现。这就是我们提到的适当条件,即嵌入式软件测试的交叉测试策略。嵌入式软件的单元测试、集成测试都可以放在主机环境下完成;最终的硬软件集成测试则不得不放在目标环境下,通过主机与目标机之间的信息通道,完成测试控制和信息反馈通信。

2. 嵌入式软件系统测试方法

1) 白盒测试与黑盒测试相结合

在白盒测试之后应该对该系统进行黑盒测试。白盒测试和黑盒测试是动态测试的两种主要方法。白盒测试主要测试依据是软件设计,是对软件内部工作过程的细致检查,允许测试人员利用程序内部的逻辑结构及有关信息,设计或选择测试用例,对程序所有逻辑路径进行测试。黑盒测试主要测试依据是软件需求,着眼于软件的外部结构,不考虑程序的逻辑结构和内部特性,仅依据软件的需求规格说明书,在软件界面上检查程序的功能是否符合要求。

2) 静态测试和动态测试

静态测试(Static Test)是指对软件文档或程序进行扫描分析,但不运行,人工或借助专用的软件测试工具评审软件文档或程序,度量程序静态复杂度,检查软件是否符合编程标准,借以发现编写程序的不足之处。动态测试(Dynamic Test)是另一种基本测试技术,运行被测代码,观察代码运行时所体现的功能、逻辑、行为、结构等。

3. 嵌入式软件系统测试过程

嵌入式软件测试在 4 个阶段(单元测试、集成测试、系统测试、硬件或软件集成测试)上进行,前 3 个阶段适用于任何软件的测试,硬件或软件集成测试阶段是嵌入式软件所特有的,目的是验证嵌入式软件与其所测试的硬件设备能够正确地交互。在测试的各个阶段,对于嵌入式系统软件的测试,即对主机和目标机的交叉测试,有着通用的策略。

(1)单元测试。单元测试是指依据详细的设计描述,对每一个功能相对独立的程序模块进行测试。所有单元级测试都可以在主机环境上进行,除非少数情况,特别具体指定了单元测试直接在目标环境进行。车载嵌入式系统有的模块功能与目标环境耦合紧密,单元测试就在目标机上进行。

(2)集成测试。集成测试是指在将单元测试无误的程序模块集成到软件系统的过程中,对程序模块间的接口和通信方面的正确性进行检查。在主机环境上的集成测试的使用,依赖于目标系统的具体功能有多少。嵌入式系统与目标环境耦合得非常紧密,在主机环境做集成是不可行的,一般选择在目标机上进行。

(3)系统测试和软硬件集成测试。系统测试是将通过确认测试的软件作为一个元素,在实际运行环境中,与计算机硬件、外设、某些支持软件、数据和人员等元素结合在一起,对整个系统进行的测试。车载嵌入式软件的所有的系统测试和软硬件集成测试都在目标环境下执行。

(五)车载操作系统测试技术

车载操作系统是一种嵌入式实时操作系统。嵌入式实时操作系统的发展已有30多年的历程,作为嵌入式系统发展到一定阶段的产物,为各种嵌入式实时应用提供系统及支撑环境。嵌入式实时操作系统由于应用背景的需求,追求是最大限度的系统可靠性。这与通用操作系统主要目的在于方便用户管理计算机资源和追求系统资源最大利用率有很大不同。因此,如何测试嵌入式实时操作系统,保证系统质量成为嵌入式实时操作系统的研究及应用的难点和重点。

操作系统由多个功能相对独立且离散的模块组成,自身不能独立运行,只有当应用软件调用操作系统时才能构成完整的运行体系,相关模块的相互配合,对应用软件实施有效的控制和管理。同时,操作系统各功能模块的运行时间与应用环境密切相关。不同的操作系统在体系结构、设计思想上都有很大差异。另外,随着CPU运算速度的提高,人们对操作系统时间特性的关注已经逐渐降低,而更关心操作系统的稳定性、安全性、可扩充性、开放性、成熟度和广泛的第三方支持能力等方面。要想设计出一套能全面反映出操作系统性能的测试用例是非常困难的,因此,尽可能以实际应用为参考背景来设计测试用例,综合评价和考察一个操作系统能否满足使用要求和能否得到持久稳定的技术支持就显得更为重要和实际。

1. 车载嵌入式操作系统测试环境

实时系统通常采用基于宿主机/目标机的开发方式,如图2-5所示。在宿主机上安装有集成开发环境,用它来完成操作系统的配置、设备驱动程序、应用编程接口(系统调用)以及应用程序的开发、软件下载调试、测试与集成等任务;目标机则可以是实际系统,也可以是模拟环境,是嵌入式实时操作系统和应用软件实际运行的平台。

测试环境应选择在应用领域内普遍采用的硬件环境,并配以必要的测试用例生成环境和测试仪器设备等,如图2-6所示。在比对测试时,应用同样的目标机和测试用例。

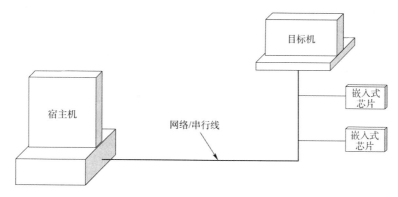

图 2-5 基于宿主机/目标机开发示意图

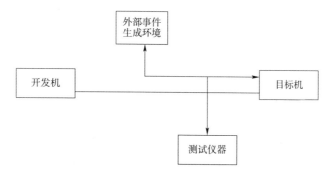

图 2-6 测试环境示意图

开发机应采用可以运行与嵌入式实时操作系统配套的集成开发环境的 PC 机、工作站等通用计算机;目标机应选择在领域内应用较普遍的单板机、工控机等;外部事件生成环境主要用于模拟产生外部事件,驱动目标机的软件运行,外部事件生成环境可采用满足要求的通用计算机(如配有 8255 并行接口、8251 串行接口、以太网接口等);测试仪器可根据测试要求配备,通常可采用多通道逻辑分析仪、数字示波器、或具有专用录取功能的通用 PC 机等。

2. 车载嵌入式操作系统测试方法

1) 功能测试

功能测试采用静态分析和动态测试相结合的方式,分析所测试的嵌入式实时操作系统所具备的功能是否满足领域应用的需要。分析的内容包括以下几个方面:源代码是否开放;支持的设备驱动程序和其他软件是否丰富;是否有配套的开发工具;配置、调试方便程度;错误处理能力;是否有第三方软件支持;是否具有持久稳定的技术服务能力。

2) 性能测试

(1) 稳定性测试。稳定性可选择压力测试方式。压力测试是一种破坏性的测试,即系统在非正常的、超负荷的条件下的运行情况,用来评估在超越最大负载的情况下系统将如何运行,是系统在正常的情况下对某种负载强度的承受能力的考验。

(2) 可靠性测试。可靠性通常采用长时间连续运行相对复杂的测试用例进行测试,以考察操作系统连续工作的能力。

(3) 安全性测试。通过模拟外部攻击和内部缺陷进行测试。外部攻击可选择安全操作系统测试的一些用例,内部缺陷模拟则可以人为设计一些有缺陷的程序,考察嵌入式实时操作系统的安全防护能力。

(4)实时性测试。实时性是嵌入式实时操作系统最重要的指标之一,也是用户选择嵌入式实时操作系统的主要参考依据。嵌入式实时操作系统的时间性能指标包括各种系统调用时间、上下文切换时间、任务切换时间、任务抢占时间、中断延迟时间、中断响应时间、系统最长封中时间、信号量混洗时间、系统异常恢复时间等,这些时间特性基本上均与应用系统的复杂程度密切相关,而且大多互相关联,非常复杂。从应用角度出发,最关心的时间指标有各种系统调用时间、任务切换时间、中断响应时间等几种。

①系统调用时间。测试内容:嵌入式实时操作系统的各种系统调用,得到各种系统调用运行(包括调用成功和调用失败)所花费的时间。

测试方法:测试方法是在系统调用之前读出定时器或 CPU 时间戳的当前值(设为 t_1),在该系统调用结束后再读出定时器或时间戳的当前值(t_2)。系统调用执行时间的计算公式为:$T = t_2 - t_1$。

②任务切换时间。测试内容:定义为系统在两个独立的、处于就绪状态并具有不同优先级的任务之间切换所需要的时间。它包括 3 个部分,即保存当前任务上下文的时间、调度程序选中新任务的时间和恢复新任务上下文的时间。切换所需的时间主要取决于保存任务上下文所用的数据结构以及操作系统采用的调度算法的效率。

测试方法:测试方法是采用两个测试间接地测出任务切换延迟时间。第一个测试称为"交替悬置/恢复任务"时间测试。测得的一个时间周期里包括两次上下文切换,再加上任务悬置和恢复各一次。第二个测试称为"悬置/恢复任务"时间测试。测得的一个时间周期就不包括上下文切换时间,而只是任务的悬置和恢复时间。用测得的第一个值减去第二个值再减去时间性能测试函数的消耗时间,再除以 2,就得到了任务切换时间。

③中断响应时间。测试内容:测试从中断产生到中断处理任务开始执行第一条指令所持续的时间间隔,它通常由 4 部分组成,即硬件延迟部分(通常可以忽略不计)、系统封中时间、中断预处理时间以及任务调度时间(仅指单任务、单中断时)。

测试方法:由外部事件模拟器产生等间隔的中断信号,并通过并行接口与目标机进行连接,由目标机的并行口产生等间隔的中断请求信号。在目标机上运行一个由并行口事件驱动的任务,接到并行口事件后马上向并行接口输出一个信号,然后重新等待并行口事件的产生。用逻辑分析仪监视并行口,可以得到两个信号的时间差,并取其中最长的时间差作为嵌入式实时操作系统的中断响应时间。

3. 对比测试

对比测试是在同等试验条件下对几个可选的嵌入式实时操作系统进行功能和性能比较,由于大多数嵌入式实时操作系统的内核是不可更改的,所以对其性能的测试主要在用户层实现。试验的硬件及应用环境必须相同,消除了硬件对系统性能的影响,就可以相对精确和客观地得到被试嵌入式实时操作系统之间的功能和性能差异。

测试内容:比对测试的内容包括功能比对、性能比对和开发配套工具支持比对等。测试方法:功能和开发配套工具支持比对采用静态分析。性能比对测试采用图 2-7 所示的测试环境,完成稳定、可靠性和实时性等几个主要性能指标的测试。

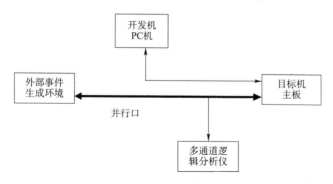

图 2-7 对比测试环境

4. 应用测试

选择比较有代表的产品进行适应性测试,以验证嵌入式实时操作系统能否满足实际应用系统的要求。从电子信息系统领域考虑,选择情报处理系统和火控系统两类不同的应用系统作为应用测试用例较为合适,基本能满足领域使用要求。测试时主要考察两项内容:首先是应用软件改动的大小和多少,改动越少越好;其次是应用系统能否稳定、可靠地工作。

(六)车载智能终端应用软件测试技术

随着车辆变得越来越智能,车载系统的导航、娱乐、空调等控制软件与智能终端控制软件变得越来越多。这些软件对驾驶人的体验影响很大。同时,人机交互设计的好坏,也会对行车安全产生重要的影响。因此,车载智能终端应用软件的测试十分重要。

智能终端主要指智能手机,搭载 IOS 和 Android 操作系统。因此,智能终端应用软件的测试主要是智能手机上与车辆建立通信关系的应用软件的测试。测试主要包含:兼容性测试、流量测试、电量测试、稳定性测试、安全测试等。

1. 兼容性测试

常见的兼容性测试主要考虑操作系统版本、屏幕分辨率、不同厂家的只读存储器(Read-Only Memory,ROM)、网络类型因素。针对以上提出的兼容性问题,最基本的做法是购买相关测试设备,在测试中抽出一部分时间做兼容性测试。但没有完整的类型设备,可能就会效率低下,对此可以采用新出现的应用程序(App)云端测技术来完成兼容性测试。

2. 流量测试

移动互联网产品的一个好处就是几乎可以随时随地使用,这使得用户很关心车载终端应用软件的流量使用情况。所以在移动产品的测试中,很有必要对应用软件使用的流量进行测试。目前主要的流量测试方法主要有 IOS/Android 特有流量测试方法和采用抓取包工具获取流量使用情况的测试方法。IOS/Android 特有的流量测试方法,即通过编写代码、应用程序编程接口(Application Programming Interface,API)来获取流量数据,这样可以获得多维度的流量使用情况。目前类似手机端的抓包工具,方便对流量使用情况进行统计。

3. 电量测试

智能终端的耗电情况一直是用户关注的重点,这里主要介绍两种测试方法:第一种是基于硬件测试方法,可以比较精确地测量智能终端的电量消耗情况;第二种是借助第三方 App 来评估智能终端上各个 App 的电量消耗情况。

(1)基于硬件设备的方法:将电量表串联在智能终端与电源之间,这样智能终端的供电就会经过电量表,可以获得比较精确的电量数据。

(2)基于第三方 App 的方法:以 GSam 为电量测试工具,可以显示各个 App 的电量使用情况,十分方便,但电量使用情况不是特别精准。

4. 稳定性测试

在保证基本功能正确性的基础上,App 的稳定性就显得非常重要。比如常见的是用 Monkey Test 测试,同时也可以通过黑盒测试、灰度测试进行相关测试。

基于 Monkey 的稳定性测试:Monkey 是 Android 的一个命令行工具,可以运行在模拟器或实际设备中。它向系统发送伪随机用户事件(如按键输入、触摸屏输入、手势输入等),实现对正在开发的应用程序进行压力测试。Monkey 是一种为了测试软件的稳定性、健壮性的快速有效的方法。

5. 安全性测试

从 App 产品的角度来说,安全测试主要包括安装包测试、敏感信息测试、账户安全测试、数据通信安全测试、组件安全测试、服务端接口测试。

(1)安装包测试:采用 dex2jar 工具,测试安装包能否反编译、安装包是否签名;检查文件的 md5 值,进行完整性校验;检查应用的权限设置。

(2)敏感信息测试:主要测试数据库是否存储敏感信息、日志中是否存入敏感信息、配置文件是否存在敏感信息。

(3)账户安全测试:主要测试密码是否明文存储在后台数据库、密码传输是否加密、账户锁定策略、注销机制等。

(4)数据通信安全测试:主要测试关键数据是散列还是加密、关键链接是否使用安全通信、是否对数字证书的合法性进行验证、是否校验数据的合法性。

(5)组件安全测试:主要指 Android 平台的各个组件是否能够被外部应用而已调用从而产生安全性问题。

(6)服务端接口测试:主要测试是否存在结构化查询语言(Structured Query Language,SQL)注入、跨站脚本攻击(Cross Site Scripting,XSS)、跨站请求伪造、越权访问(Cross-site request forgery,CSRF)等情况。

三 智能网联汽车网络测试评价技术

(一)智能网联汽车网络技术

我国智能网联汽车产业发展较快,智能网联汽车的技术路线也逐步清晰。智能网联汽车涉及的关键技术包括环境感知技术、V2X 通信技术、智能决策技术、信息安全技术、高精度地图与高精度定位技术等也得到了更多的研究和关注。V2X 是以车内网、车际网和车载移动互联网为基础,综合利用通信技术、汽车工程技术、控制技术、高精度定位技术以及信息安全技术,让车辆以一种智能的方式动态地与周围的人(V2P)、车(V2V)、通信网络(V2N)、城市基础建设(V2I)之间进行信息共享交互的智能互联的车辆网络。目前,国际上主流的车联网无线通信技术有专用短程通信技术(Dedicated Short Range Communication,DSRC)以及 LTE-V 两种技术路线。

1. DSRC 技术

专用短程通信技术 DSRC,是一种底层技术基于 IEEE 802.11p 通信标准的应用于 V2X 的通信技术,该技术支持车辆在 5.9GHz 专用进行 V2I、V2V 的直接通信。应用层包括高速车辆之间以及车辆与路边基础设施(5.9G 频段)之间的数据交换。在物理层,DSRC 技术是基于正交频分复用(Orthogonal Frequency Division Multiplexing,OFDM),为适应车辆高速运动场景,信号带宽定义为 10MHz。前期美、日以及欧洲等国都是基于 DSRC 进行 V2X 的布局。例如,美国联邦通信委员会提出的车载环境下的无线接入 WAVE 通信协议是目前最为完善的 DSRC-V2X 通信标准之一,已经进行了多次大规模测试及应用。从技术角度讲 DSRC 技术比较成熟、稳定,也是应用最多的一种通信技术。

2. LTE-V 技术

LTE-V2X 是基于 LTE 移动蜂窝网络的 V2X 通信技术,是专门针对车间通信的协议而设计的 V2X 标准,目前的 LTE-V 版本属于 4.5G 技术,未来可以平滑演进到 5G,如图 2-8 所示,是 C-V2X(Cellular V2X 的一种)。LTE-V2X 针对车辆应用定义了两种通信方式:集中式(LTE-V-Cell)和分布式(LTE-V-Direct)。集中式也称为蜂窝式,需要基站作为控制中心。分布式也称为直通式,无须基站作为支撑。LTE-V2X 是以 3GPP LTE-R14 标准为基础,实现车与车(V2V)、车与基础建筑设施(V2I)、车与通信网络(V2N)、车与人(V2P)的通信技术。

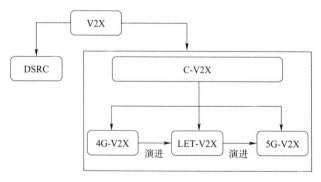

图 2-8　V2X 的技术分类与演进规划

3. C-V2X 技术

C-V2X(Cellular-V2X)是由 3GPP 主导推动的、基于 4G/5G 蜂窝网通信技术演进形成的 V2X 技术,可实现更长距离和更广范围的通信。C-V2X 标准演进路径比较清晰,3GPP 分别于 2017 年 3 月和 2018 年 6 月正式发布 R14、R15 版本的 LTE-V2X 标准,可以支持安全出行类业务和局部交通效率类业务。同时于 2018 年 6 月和 2020 年 6 月启动 R16、R17 版本的

NR-V2X 标准化工作,主要支持自动驾驶类业务。需要清楚的是 LTE-V2X 会向 NR-V2X 平滑演进,两者会长期共存,双方为互补关系而并非替代关系。同时,运营商 5G 蜂窝网络可以提供信息娱乐服务类业务和全局交通效率类业务。NR-V2X 因为标准、频谱、芯片等原因,尚需较长的时间周期实现产业化运用和商业化的落地。目前我国的车联网仍将以 LTE-V2X + 5G 蜂窝网络业务为主。3GPP 定义了 LTE-V2X 可以提供的业务场景,如表2-2 所示。而基于 5G 蜂窝网络的车联网业务仍具有很大的探索空间和方向。

GPP 定义的车联网标准应用场景　　　　表2-2

分类	应用场景
V2V	前方碰撞警告、车辆失控警告、紧急情况车辆警告、紧急停车、协同自适应巡航控制、基站控制下的通信、预碰撞警告、非网络覆盖下通信、错误驾驶警告、V2V 通信的信息安全
V2P	行人碰撞警告、道路安全警告、交通弱势群体安全应用
V2I	与路测单元的通信、自动停车系统、曲线速度警告、基于路侧设施的道路安全服务、道路安全服务、紧急情况下的停车服务、排队警告
V2N	交通流量优化、交通车辆记录查询、提高交通车辆的定位精度、远程诊断和及时修复通知
V2X	漫游下的信息交换、混合交通管理、与外界通信的最低服务质量

根据 3GPP TS22.886 文件内容,5G-V2X 车联网将支持共计4个主要领域(编队驾驶、高级行驶、远程驾驶、传感器信息交互),可以细分为 22 个场景,同时将为 L1~L5 级别的自动驾驶提供全方位网联化信息。

4. V2X 与 5G

历经了 2G 到 5G 的发展,我国在通信行业有着良好的基础设施建设,在光纤、供电、站址选择等方面,部署 V2X 都将较为便利且具有较好的经济性。C – V2X 与无线蜂窝通信的同源,也便于开展丰富的信息增值服务,对车联网产业的发展极为有利。另外,基于 5G 蜂窝网络可以拥有全面、全量、实时的多源大数据,从而助力实现全局交通优化。5G 网络可以为出行车辆提供准确、实时、高效的出行路径规划和行驶速度、行驶车道引导,并提供路况信息提醒和车辆维修提醒等多元信息服务。

5. V2X 与 L3/L4 级自动驾驶

智能网联汽车是以传统汽车产业为研究基础,融合神经网络系统、算法程序、大数据等人工智能技术,旨在降低机动车交通事故发生的概率、缓解日常交通拥堵的压力、扫除部分驾驶人员的驾驶障碍、提高生态环境的质量。V2X 技术的发展是实现自动驾驶的基础和保障,而技术分级是对自动驾驶系统智能化程度的体现。

目前车联网的应用大多只是给人看的预警和告警信息,主要用于辅助驾驶,而不是给车使用的。当然已经有越来越多的车联网业务可以直接在车辆中控、仪表盘上做融合展示和呈现。目前,学术研究和产业应用较常见的关键技术有车载单/双/多目摄像头、激光雷达、毫米波雷达、汽车夜视系统、360°影像系统、高级驾驶辅助系统(Advanced Driving Assistant System,ADAS)、车载安全计算机等,搭载诸如此类传感器的汽车最高可以实现 L4 级的无人驾驶。未来 V2X 将和 L3 级以上自动驾驶汽车进行更深入的结合:在 L3 级自动驾驶汽车上,车联网业务和车辆 CAN 总线信息融合;车联网业务作为辅助驾驶和自动驾驶的输入源之一,与车辆多传感器融合的输入源一起,供自动驾驶车辆决策和控制使用。例如,车辆打开应急警示灯的信息可以通过 CAN 总线推送给车载终端的车载单元(On Board Unit,OBU),同时和其他车辆之间实现信息交互。红绿灯信号机信息通过路侧设施单元(Road Side Unit,RSU)推送给车载终端 OBU,车辆再对获得的信息做出决策。在 L4 级别的自动驾驶上,激光雷达将会得到大幅度的使用,激光雷达可以提供极高精度和极其丰富的感知信息,在 L3 级自动驾驶基础上,通过激光雷达获得的感知信息,汽车可以更加自如地处理极端工况。而目前这些信息仅供驾驶人员使用,随着 V2X 和 L3/L4 级别自动驾驶技术的深度融合,未来可以作为自动驾驶重要的输入源之一,和车辆摄像头识别的红绿灯信息进行融合决策,供自动驾驶车辆控制使用。对于单车智能自动驾驶来说,车联网可以从多方位赋能,提供更多的场景应用:红绿灯信息推送、超视距信息推送、"鬼探头"等典型场景应对,提供安全冗余、降低单车智能成本等。

6. V2X 与智慧交通系统(ITS)

智慧交通系统(Intelligent Transportation System,ITS)的目的是提高交通出行效率、保障交通运输安全、改善环境、节约能源,对驾驶人员的各种需求做出智能回应与支持,构建人—车—路和谐健康发展的全新形态。V2X 与智慧交通系统的发展目标在某种程度上是一致的,所以 V2X 通信技术在交通领域具有良好的适应性。V2X 与智慧交通系统的发展与完善也将为智能网联汽车的无人驾驶出行提供技术支撑和发展基础。

V2X 技术具有感知层、网络层、应用层的三层架构,在智能交通的应用中,对车辆识别、车辆定位、交通流信息数据的采集与分析,信号灯实时在线控制,以及报警应急处理等都能起到良好的辅助作用。面对纷繁复杂的应用和多变的用户需求,V2X 结合大数据、云计算平台,支持在基础设施、平台、终端、软件以及运营支撑等层面的应用,设计以满足各类需求的功能性模块,其体系架构如图 2-9 所示。

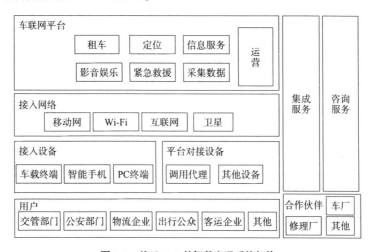

图 2-9 基于 V2X 的智慧交通系统架构

目前,在构建车联网先导区和建设交通强国等政策的推动下,V2X 及其他智能化技术正在扩大部署,智慧交通系统的相关应用也会随之扩增。基于 V2X 构筑的智能交通系统也将会为社会主义现代化强国建设提供全面的服务与保障,让公众享有更好的交通出行服务(图 2-10、图 2-11)。

图 2-10　国家智能汽车与智慧交通(京冀)示范区顺义基地 V2X 设备实景

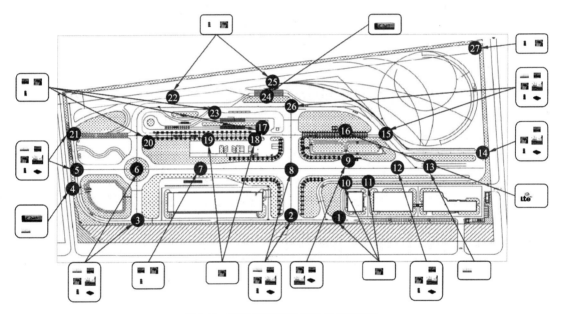

图 2-11　示范区顺义基地 V2X 设备布置图

智能网联汽车系统具有多设备组成性,涉及众多厂商,信息数据流转链路复杂、网络异构且涉及海量信息整合,车载信息终端集成多种通信协议与数据 I/O 硬件,因此智能网联汽车网络测评技术的重点在于协议测试技术。

(二)协议一致性测试技术

协议测试技术包括 4 种类型测试:一致性测试,用于检测协议实现本身与协议规范符合程度;互操作性测试,基于某一种协议检测不同协议实现间互操作、互通信的能力;云测试,能够检测协议实现的性能指标,如吞吐量、延迟、丢包率、数据传输速度、连接时间、执行速度等;健壮性测试,检测协议实现在各种恶劣环境下的运行能力。

1. 协议一致性概念

协议测试理论是协议工程学的一个重要的分支。研究协议测试理论的原因在于一个标准化的协议并不能确保协议的实现之间能够成功地进行通信。因为协议标准目前基本上是使用自然语言描述的,实现者对于协议的不同理解会导致不同的协议实现,甚至有时会是错误实现。因此需要一种有效的方法来对协议实现进行判别,这便是"协议测试"。

协议测试旨在通过实验的方法找出错误。在协议测试过程中,需要模拟协议正常工作的情况,同时也要模拟异常使用情况。这意味着既要模拟协议独立运行时系统的正常工作状态,又要模拟异常情况下的工作状态。由于对一个系统进行无穷无尽的测试是不现实的,所以测试并不能保证一个协议实现的完全正确性,即测试只能表明存在错误,并不能证明不存在错误,这是协议测试的基本出发点。协议测试是在软件测试的基础上发展起来的,根据对被测软件的控制观察方式,软件测试分为:白盒测试、黑盒测试和灰盒测试。

(1)白盒测试是已知该系统的内部结构,允许人们检查系统的内部结构,检测系统是否按照规定运行。在使用这一方案时,测试者从检查系统的逻辑着手,通过每条语句至少执行一次来全面检查整个程序代码,得出测试数据。由于可以深入到被测试系统的内部,因而测试能力非常强,但测试过程本身变得非常复杂,对被测系统要求也很高。

(2)黑盒测试是已知系统应该具有的功能,完全不考虑系统内部结构和内部特性,也就是说软件系统被看作一个黑盒子,只通过观察其输入输出来评价该系统某一方面的特性而不涉及程序的内部结构。在这种测试下,可以把被测试的系统看作是一个对象,可以和测试系统交换消息。黑盒测试只关心被测软件的输入和输出,测试能力虽然弱了一些,但是测试过程本身相对简单,对被测软件系统也无特殊要求。因此在实际测试活动中,黑盒测试应用更广。

(3)灰盒测试是将白盒测试和黑盒测试结合起来形成的一种测试方法,它吸收了两种方法的优点。测试方法的选择一方面要根据用户的需求,另一方面也要考虑测试系统对被测软件系统控制和观察的能力。协议测试是一种黑盒测试,它依据协议标准来控制观察被测试协议实现的外部行为,对被测协议实现进行测试。

2. 协议一致性测试过程

协议一致性测试流程大体分成3个阶段:测试准备、测试执行、测试报告生成,整个测试流程如图2-12所示。

(1)测试准备。生成实现一致性说明(Implemention Conformance Statement,ICS)、系统一致性说明(System Conformance Statement,SCS)、实施测试附加信息(ImplementionExtra Information for Testing,IXIT)和测试规范等;根据 SCS 和 ICS 选择抽象测试方法,然后设计抽象测试套;准备在结构下的测试(Structure under Test,SUT)和测试工具。

(2)测试执行。首先进行静态一致性分析,根据 SCS 和 ICS 中相关的静态一致性需求,检查 IXIT 实施测试附加信息的一致性;根据 ICS 和 IXIT 选择

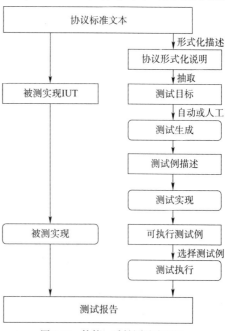

图 2-12 协议一致性测试流程图

测试例,并将测试例参数化;执行上一步生成的参数化的可执行测试套,每个测试例都要设计一个测试活动。

(3)测试报告的生成。对测试执行过程中产生的结果进行分析,对照抽象测试套中测试例的定义,对测试例的执行结果进行判定。判定的结果有3种:通过(Pass)、不通过(Fail)和不确定(Inconclusive)。最后要将所选用的测试套和测试方法、测试例的判定结果记录在协议一致性测试报告(Protocol Conformance Test Report,PCTR)中。一个系统可能会有多个协议被测试,因此会出现多个PCTR,需要系统一致性测试报告(System Conformance TestReport,SCTR)指明被测系统并对每个协议做出结论。

3. 协议一致性测试方法

一致性测试方法决定了测试集的产生和描述方法、测试执行系统的结构等。ISO 9646中定义了4种标准的抽象测试方法:本地测试法(Local Method)、分布式测试法(Distributed Method)、协调测试法(Coordination Mehtod)和远程测试法(Remote Method)。上述这几种测试法是最基本的,适于单层协议测试,但它们还有许多变种,如渡船测试法(Ferry Method)、多方测试法及骑跨式(Astride)测试法等。

1)本地测试法

本地测试法如图2-13所示。这种方法的一个基本假设是在控制被测试对象(IUT)的上下边界都存在协议配置选项(Protocol Configuration Option,PCO)和下测试器(LT)及上测试器(UT)联系。测试系统通过这些PCO对IUT进行输入激励,并且观察IUT的输出响应,然后根据协议描述做出测试判决。上下测试器在IUT的上下接口处通过交换测试事件来观察IUT的行为,测试协调过程(Test Coordinate Procedure,TCP)用于协调上下测试器的运作,下测试器同时记录所有的测试事件以此作为测试判决的依据。在这种方法中,LT,UT,IUT同处于一台机器中,测试不需要低层通信系统的支持。由于UT和LT可以在同一个程序中实现,因此,UT和LT的测试协同过程比较容易实现。测试用例用UT执行的服务原语和LT执行的服务原语来描述,因此在这里,LT相当于低层服务提供者。

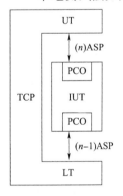

图2-13 本地测试方法

2)分布式测试方法

如图2-14是分布式测试法的示意图。在这种方法中,IUT和UT处于同一台机器中,IUT必须有暴露的上边界服务访问接口,而LT则分布在其他机器中(如测试系统)。LT和IUT是对等实体,它们之间采用(n-1)层服务交换报文(可以在线测试)。与本地测试法相比,LT和IUT之间的接口PCO从IUT中转换到LT中,LT相当于(n-1)层服务的使用者。测试协调过程可以用PCO处交换的ASP来说明,也就是说UT和LT之间的协调是通过IUT实现的,所以测试判决是基于LT所观察到的行为做出的。这种结构由于UT和LT分布在不同的机器中,通过IUT间接通信,所以UT和LT之间的同步有一定困难,直接导致测试执行有难度。有人尝试提出同步测试集,就是通过测试集来进行同步,但是由于有些协议并不是严格

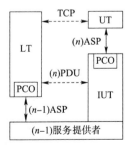

图2-14 分布式测试方法

的同步,所以如果分布测试结构没有协同,任何一个测试集都不能保证完整错误覆盖。

与本地测试法相比,分布式测试法有以下不同:必须修改基于本地测试法所设计的抽象测试集,以便包含 LT 所使用的底层抽象服务原语,而这些抽象服务原语和本地测试法中用到的原语是互补的。例如,如果在本地测试法中 LT 发出指示类原语,则在分布式测试法中 LT 应发出类似的原语;LT 和 IUT 在物理上是分离的,因此对统一测试事件的观察在时间上会产生差异;由于 LT 和 IUT 的通信是通过 $(n-1)$ 层服务实现的,因此存在测试数据丢失、失序和出错的可能性;由于 UT 和 LT 分布在不同的系统,二者之间的同步和控制(测试协调过程)比本地测试法要困难得多。

3) 协同测试方法

协同测试法如图 2-15 所示。LT 和 IUT 是对等实体,它们之间是通过提供 $(n-1)$ 层服务的底层协议实现连接的。上测试器与 IUT 在同一个系统中,但 IUT 不一定有暴露的上边界服务访问接口。从图 2-15 中可以看出,和分布式测试法的根本区别在于协同测试法引入了测试管理协议(Test Management Protocol,TMP)。有了 TMP,UT 和 LT 可通过交换 TM-PDU(协议服务单元)实现测试协同过程。交换 TM-PDU 有两种方法:一是带内(In-Band)传送法,即将 TM-PDU 作为 (n)ASP 的用户数据传送给 IUT,IUT 再将它传送给 LT,也就是通过被测协议传送 TM-PDU;二是带外(Out of Band)传送法,即将 TM-PDU 直接利用 $(n-1)$ 层服务来传送。同样,分布式测试法的测试用例不能用于协同测试法。

协同测试法是一种最复杂的抽象测试方法,它要求在上下测试器之间存在高度的测试协调,并在上下测试器中对所收集和观察到的信息进行报告。到目前为止,国际标准化组织还没有定义出独立于任何应用的标准化的测试管理协议,且未对使用"In-Band"还是"Out of Band"方式提出建议。

4) 远程测试法

如图 2-16 所示的是远程测试法的原理图。从图 2-16 中可以看出,这种测试方法中没有 UT,因此也不存在 UT 和 LT 之间的协同问题。下测试器和 IUT 是对等实体,它们之间通过提供 $(n-1)$ 层服务的底层协议实现连接,测试用例完全用 $(n-1)$ASP 描述。不要求能访问 IUT 的上边界,不需要 UT,因此也就不需要显式的测试协调过程。这种方法依赖于被测协议来实现 IUT 和下测试器间的同步。IUT 的状态可由下测试器通过 $(n-1)$ 层服务与之交换 n 层 PDU 来确定,测试判决则是由基于下测试器对 IUT 提供的激励,以及下测试器所观察到的响应做出的。

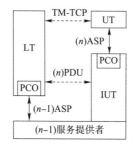

图 2-15 协同测试法

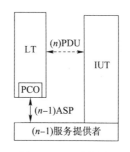

图 2-16 远程测试法

远程测试法比较适用于被动式协议实现或服务型协议实体的测试。这种测试方法的测试过程一般都是通过触发协议使之有一定的反馈或者没有特定的反馈来判定协议的正确性的。这种测试法的好处是可以不考虑协议实现,只是根据协议说明来判定 IUT 是否实现了协议规范。但是,不利的是由于底层一些协议并不会给出可以判定的反馈,所以它并不适用于此类协议。远程测试法对于高层的路由协议测试十分有效。

5)中继系统的抽象测试方法

ISO/IEC-9646 针对中继系统的特点:没有开放的上下接口。提出了两种中继系统抽象测试方法:回绕法和穿越法。这两种抽象测试方法的结构,如图 2-17 所示。

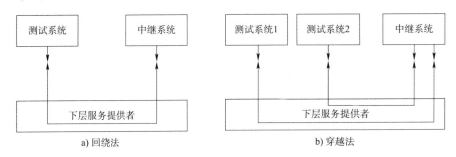

图 2-17 两种中继系统的测试方法

回绕法的缺点是被测中继系统只有一端的行为被直接观察到而另一端的行为不能被正确的评价。而穿越法则使被测中继系统在平常的操作模式下,得到测试两端的行为都能够被观察到。

(三)协议互操作性测试技术

互操作性测试是对两个或两个以上的协议实现(Implementation)能否互连互通互操作进行测试的,所以它涉及两个或两个以上的协议实现。通常把其中公认的已经通过权威的互操作性测试的协议实现称为测试方 QE(Qualified Equipment),把另外一个协议实现称为被测方 IUT(Implementation Under Test),由测试方和被测方所组成的整体称为被测系统(IUT System)。但是根据测试需要,两个协议实现也可以都被看作是被测方,即 IUT A 和 IUT B,组成的整体同样被称为被测系统。当测试方与被测方(或被测方之间)互相通信时,测试方和被测方之间(或被测方之间)所传递的消息称为内部消息(Internal Messages),内部消息组成了两个单向的 FIFO 存储器队列,也可以称为内部输入和内部输出。整个被测系统与外界环境所传递的信息称为外部消息(External Messages),包括外部输入和外部输出。一个互操作性测试套要能够检测到测试方和被测方之间(或两个被测方之间)是否存在信息交互以及二者是否能够对所交互的信息做出正确的处理。在图 2-18 中,当测试系统中的 IUT A(或 IUT B)从外界环境接收了一个外部输入后,就会生成一个内部输出到 IUT B(或 IUT A),同时也会发送零个或一个外部输出到外界环境。

协议互操作性测试是评价相同协议的不同实现或同类协议在不同被测实现之间能否正确地互通并完成协议规范所规定的功能。在协议测试中,协议一致性测试是基础和保障,也是测试的关键过程,目的是检测被测实现与协议规范是否一致。但是,协议一致性测试也不可能完全详尽和覆盖,面对这个困难和挑战,互操作性测试可以对一致性测试做进一步的补充,其主要作用就是保证通信产品的互通性。在协议互操作性测试中,测试的形式基本都是测试者分别对认可设备和被测设备进行操作,这些设备包括:单个或若干个网络设备、终端设备或者是一些应用软件之类的被测试单位选择认可的设备。在测试过程中,仍然属于黑盒测试,测试者或用户只关心设备是否符合协议规范中定义的功能,并不关心协议互通时的细节。互操作性测试应分为两部分:制定协议互操作性测试规范和具体执行协议互操作性测试。

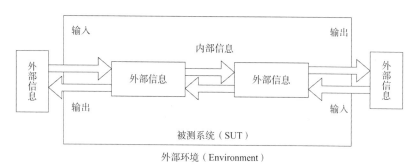

图 2-18　互操作性测试框架

1. 制定协议互操作性测试规范

为了更好地执行测试,必须首先制定测试规范,该过程是互操作性测试的关键和核心,也是决定测试成功与否的标准。制定规范与协议一致性测试规范类似,但是侧重点应主要关注测试功能。流程如图 2-19 所示。

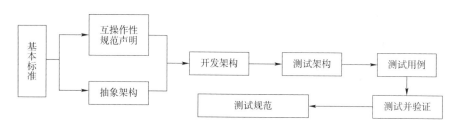

图 2-19　制定协议互操作性测试规范基本流程

2. 执行协议互操作性测试

有了测试规范,具体测试过程就变得简单容易,分为准备测试、测试执行以及测试报告 3 个步骤,这个过程与协议一致性测试的过程基本类似,此处不再赘述。在执行的过程中,如何自动化生产测试集,如何保证测试集的完备性都是测试成功的主要因素,都是目前需要进一步探究的问题。

在协议测试的发展过程中,国际相关的标准组织如 ISO 也制定了一系列的标准,ISO/IEC9646、ETSI ETS300 406 规范等,主要是针对协议一致性的测试方法框架。但是随着通信网络技术的迅速发展,新的协议也越来越复杂多样,协议一致性测试的相关研究面临着困境和巨大的挑战。互操作性测试在协议测试的过程能够提供重要的互通信息,因此关于互操作性测试的研究也越来越受到关注和重视。但目前也停留在理论化的阶段,其深入性和标准化还需要逐步深入探究。

(四)协议模糊测试技术

作为一种软件测试方法学,模糊测试主要属于黑盒测试和灰盒测试领域。其在很大程度上是一种强制性的技术,其目标是简单有效。模糊测试是一种基于缺陷注入的自动软件测试技术,它使用大量半有效的数据作为应用程序的输入,以程序是否出现异常作为标志,来发现应用程序中可能存在的安全漏洞,所谓半有效的数据是指对应用程序来说,测试用例的必要标识部分和大部分数据是有效的,这样待测程序就会认为这是一个有效的数据,但同时该数据的其他部分是无效的。这样,应用程序就有可能发生错误,这种错误可能导致应用程序的崩溃或者触发相应的安全漏洞。模糊测试是一个自动或半自动的过程,这个过程包括反复操纵目标软件并为其提供处理数据。模糊测试中的关键是模糊测试用例的生成方法,用于生成模糊数据的工具可称为模糊器。模糊器可分为两大类:基于变异的模糊器和基于生成的模糊器。前者对已有数据样本应用变异技术创建新的测试用例;后者通过对目标协议或文件格式建模的方法从头开始产生测试用例。

1. 模糊测试技术的分类与流程

模糊测试方法的选择取决于目标应用程序、研究者的技能以及需要测试的数据所采用的格式,然而无论采用什么方法,进行什么测试,模糊测试的流程是一致的。可以把模糊测试的整个测试周期分为识别目标、识别输入、生成模糊测试数据、执行模糊测试、监视异常和确定可利用性等6个步骤。

模糊测试过程中最重要的步骤为生成模糊测试数据,生成模糊测试数据的方法有很多。大体上可以将模糊测试方法分为以下5类。

(1) 预先生成测试用例。首先需要对一个专门规约进行研究,其目的是理解所有被支持的数据结构和每种数据结构可接受值的范围。硬编码的数据包或文件随后被生成,以测试边界条件或迫使规约发生违例,这些用例可用于检测目标实现规约的精确程度。该方法的测试用例可以被重用,缺点是需要事先完成大量工作,且测试用例有局限性,一旦测试用例用完,模糊测试就只能结束。

(2) 随机生成测试用例。该方法的工作原理是大量产生伪随机数据给待测软件。这种方法原理简单,但却很难逆向找到引起软件产生异常的具体原因,效率很低。

(3) 协议变异人工测试。该方法的测试过程是在加载了目标应用程序后,测试人员仅通过输入不恰当的数据来试图让服务器崩溃或使其产生非预期的行为。这种方法不需要自动化的模糊器,人就是模糊器。可以充分利用测试者自身的经验和直觉。

(4) 变异或强制性测试。从一个有效的协议或数据格式样本开始,持续不断地打乱数据包或文件中的每一个字节、字、双字或字符串。所以,对应的模糊工具的工作就是修改数据然后发送。这种方法几乎不需事先对被测软件进行研究,测试数据的生成和发送都可以自动完成。但由于大量的测试时间都浪费在生成数据上,因此效率也不高。

(5) 自动协议生成测试。一种更高级的强制性测试方法,在测试前需要进行前期研究,包括理解和解释协议规约或文件定义。但与前一种方法不同,它并不创建硬编码的测试用例,而是创建一个描述协议规约如何工作的文法。因此,需要识别数据包或文件中的静态部分和动态部分。模糊器动态解析这些模板,生成模糊测试数据,然后向被测目标发送模糊后产生的包或文件。这种方法需要耗费一定时间来产生文法或数据格式的定义。

2. 网络协议的模糊测试

网络协议的模糊测试可能是最广泛被利用的模糊测试类别,目前存在很多不同的方法来实现对网络协议的模糊测试。网络协议的模糊测试如此之流行是因为它能够发现很多高风险漏洞。其测试对象包括邮件服务器、数据库服务器、远程访问服务、多媒体服务器和备份服务器等。

网络协议的模糊测试要求构造的测试数据包能识别目标 Socket,通过变异或生成的方法构造包,含畸形数据的数据包,然后将这些数据包传递给待测软件,并监视待测软件以发现漏洞。网络协议的模糊测试模型如图 2-20 所示。图 2-20 中的模糊测试工具和被测对象分别是测试中的两个端点,即客户端和服务端的模式,模糊工具充当客户端,用来测试服务端的漏洞。模糊工具中的监控模块用来对被测对象的行为进行实时跟踪、收集并分析,以判断在测试过程中是否发生异常。

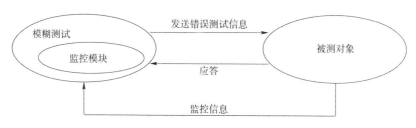

图 2-20 网络协议模糊测试模型图

四 智能网联汽车服务系统测试评价技术

随着智能网联汽车的快速发展,需要更加快速、高效地处理种类多、数量大、高价值的信息。智能网联汽车云平台实现了车路云的协同驾驶,解决了智能网联汽车存在的信息孤岛问题,在很大程度上优化了交通数据的分析处理、信息融合的速度,减少了交通事故发生率。智能网联汽车云控基础平台(ICV Base Vehicle Computing Platform),为智能汽车及其用户、管理及服务机构等提供车辆运行、基础设施、交通环境、交通管理等动态基础数据,具有数据存储分析、云计算等服务机制,支持智能网联汽车实际应用需求的基础支撑平台。

(一)云计算和大数据平台

1. 云计算和大数据的概念

云计算是一种商业计算模型,它将计算任务分布在大量计算机构成的资源池上,使用户能够按需获取计算力、存储空间和信息服务。这种资源池称为"云"。"云"是一些可以自我维护和管理的虚拟计算资源,通常是一些大型服务器集群,包括计算服务器、存储服务器和宽带资源等。云计算将计算资源集中起来,并通过专门软件实现自动管理,无须人为参与。用户可以动态申请部分资源,支持各种应用程序的运转,无须为烦琐的细节而烦恼,能够更加专注于自己的业务,有利于提高效率、降低成本和技术创新。云计算的核心理念是资源池,这与早在 2002 年就提出的网格计算池(Computing Pool)的概念非常相似。网格计算池将计算和存储资源虚拟成为一个可以任意组合分配的集合,池的规模可以动态扩展,分配给用户的处理能力可以动态回收重用。这种模式能够大大提高资源的利用率,提升平台的服务质量。

云计算是并行计算(Parallel Computing)、分布式计算(Distributed Computing)和网格计算(Grid Computing)的发展,或者说是这些计算科学概念的商业实现。云计算是虚拟化(Virtualization)、效用计算(Utility Computing)、将基础设施作为服务(Infrastructure as a Service,IaaS)、将平台作为服务(Platform as a Service,PaaS)和将软件作为服务(Software as a Service,SaaS)等概念混合演进并跃升的结果。

狭义大数据:狭义大数据仅关注大数据的技术层面,即对大量、多格式的数据进行并行处理,以及实现对大规模数据的分块处理的技术。狭义大数据范畴内,所谓的"大"其实是相对的,并不能明确地界定出多大的数据量就是大数据,而是要由计算机的处理能力来判定所面对的数据是否为大数据。当数据量超出了当前的常规处理能力所能应付的水平时,就可称之为"大"。

广义大数据:广义的大数据实际上就是信息技术。它是指一种服务的交付和使用模式,指从底层的网络,到物理服务器、存储、集群、操作系统、运营商,直到整个数据中心,由这各个环节串联起来,最终提供的数据服务。并且,当数据服务所涉及的数据量变大后,就被冠以了"大数据"的概念。广义大数据可以被视为和数据相关的所有的产品以及服务的集合,并且这里的数据服务通常需要有数据分析引擎做支撑。

2. 云服务现有分类

1) 智能停车云服务

智能停车系统可通过摄像头、雷达等传感器的融合,感知周围环境信息,自动规划路径,并通过跟踪控制系统,正确执行驾驶动作,在无人的条件下,将车辆停放于用户指定的停车位。在此过程中也会产生大量的数据,响应速度和精确程度反映了自动停车系统的好坏。智能停车云服务的感知需要通过传感器检测和云端收集、分析地理位置、停车可用性、停车位预订和订单、交通及车辆信息。在决策过程中停车场有车辆停放在停车位则被定义为"占用",停车场有一个自由空间,即"空置"。此决定已更新到服务器部件。最后,在决策步骤中,将混合特征与预先定义的阈值进行了比较。

2) 车辆数据挖掘云服务

数据挖掘和联机分析处理。其功能包括:自动预测、关联分析、聚类、概念描述、偏差检测。数据挖掘(Data Mining,DM)可以在大量数据中寻找规律,能够管理保存计算机产生的图像、音频等数据,并在大量数据中凝练提取出其中的有用部分,根据现有数据训练出一个模型,自动预测后来的发展趋势。通过车辆挖掘云服务,根据现有车道线,识别前方车辆数据,能够实现智能车转向预测以及偏差检测。高效的数据处理能力,能够快速发布预警信息,识别道路、行人信息,预防事故发生。

3) 智能交通云服务

云计算是另一项独特的特色服务,可将实时应用程序提升到一个全新的水平。云计算服务基本上有助于通过因特网在网络中提供共享资源。云计算和车载随意移动网络(Vehicular Ad-hoc Network,VANET)的集成模型,即车载云在实现车载网络和智能交通监控系统中的实时安全应用中起着重要作用。

(二)大数据测试技术

1. 大数据涉及的技术

针对大数据项目,采用的新技术和工具越来越多,软件的复杂性不断增加,交付周期越来越短,但质量要求越来越高。给测试领域带来了更高层次的测试要求。针对大数据项目涉及的技术主要包括:通用大数据、数据治理、数据分析、典型业务模型等方面。通用大数据主要包括:大数据存储、数据访问、分布式计算、运维管理、计算资源管理等方面的通用大数据技术。数据治理主要包括:多源数据接入、数据清洗。数据分析主要包括:可视化数据分析、数据挖掘、深度学习、知识图谱。

2. 大数据测试类别

测试类别主要讨论功能、性能等方面的测试,以及针对大数据特点的容错性测试、可用性测试、扩展性测试、稳定性测试、部署方法测试等测试类型。大数据测试类型见表2-3。

大数据测试类型　　　　　　　　　　　　　　　　　　　　　表2-3

序号	测试类型	测试要求
1	功能测试	验证大数据设计的业务功能是否满足用户使用需求,以及验证数据一致性
2	性能测试	涉及吞吐量、时延、内存利用率等性能指标
3	容错性测试	可从部分失效中自动恢复,而且不会影响整体性能,特别是当故障发生时,系统可以进行恢复,同时继续以可接受的方式进行操作
4	可用性测试	高可用性是大数据特性之一,保证业务的连续性
5	扩展性测试	验证弹性扩展能力,以及扩展系统带来的性能影响
6	稳定性测试	验证不间断长期运行
7	部署方法测试	大数据具备scale-out特点,能够构建大规模、高性能的文件系统集群,需要测试不同场景下的系统部署方式,需要结合实际场景进行

3. 大数据测试流程

大数据测试流程如图2-21所示。

图2-21　大数据测试流程

遵循:需求调研分析、测试策略计划制定、测试用例编写、执行测试、线上验证测试、测试总结的流程。

(1)需求调研分析。测试若不清楚需求的背景现状是无法真正做好测试、保证产品质量的。需求分析得越彻底,后续的工作就越顺利。

(2)测试策略计划制定。通过参与项目的各种评审会,了解开发的架构逻辑,说明结构设计、开发计划,从而制定测试策略方法、测试重点、测试工具选用、测试环境准备、测试排期及风险预估等。测试大数据应用程序更多的是验证数据处理,而不是测试软件产品的个别功能。当涉及大数据测试时,性能和功能测试是关键。

(3)编写及评审测试用例,测试用例需要覆盖所有的测试场景:正常的、异常的、功能逻辑、接口的、性能的等。测试工具的选择能够清晰展现测试思路和逻辑。推荐使用 Xmind 等工具。

(4)用例执行测试,可以人工和自动结合方式进行测试及回归测试。

(5)测试总结包括:文档整理、技术总结、项目概况综述。针对项目所涉及的环境数据、业务数据等实际场景进行整理。针对项目中用到的工具技术进行总结整理。

(三)云测试技术

1.云测试技术的优点

云测试是基于云计算的一种新型测试方案。服务商提供多种平台、多种浏览器的平台,一般的用户在本地用 Selenium 把自动化测试脚本编写好,上传到它们的网站,然后就可以在它们的平台上运行 Selenium 脚本进行测试。

在云平台上进行的测试,与传统的测试类似,包括功能测试、性能测试、安全性测试;能够进行自动化的功能测试与回归验证;测试过程包括测试用例的设计、测试问题的提交、测试计划、测试报告以及测试管理等工作。但是相对于传统的本地测试来说,云计算平台的测试具有本地测试不具有的优越性。云测试主要具有以下几个优点:

(1)不需购买昂贵的测试工具,只需支付低廉租赁费用,降低企业成本。对于企业来说,应用云测试不需要购买或准备多台测试服务器和个人电脑,购买各类价格昂贵的测试软件;也不再需要部署复杂的测试环境,只需要列出测试的目的、测试环境要求、虚拟机台数、何时间断租用即可,实现按需付费。同时随着企业软件版本更新和软件开发技术的更新,被测试的软件或测试环境也需要不断的升级换代,会进一步产生升级和维护费用。而在云测试环境中这些因素企业都无须考虑,交由提供云测试服务的供应商完成即可。

(2)云测试服务商给企业提供超大规模的测试资源、动态分配、在线支持、提高测试效率。云测试的运用,减少了测试环境搭建时间,例如测试机器及网络的准备、操作系统安装、各种测试工具和软件安装等。测试人员只需提前将需要配置的测试环境通知云测试服务商,到时间直接使用即可。同时,测试过程中遇到软件使用等问题,也可以获得云测试服务商的远程在线支持,实时响应速度很快,不会出现测试暂停的状况。

(3)云测试能够为测试人员提供各种系统平台环境。云测试环境中,能为测试人员模拟不同系统平台的运行环境,而这些环境不需要测试人员自己搭建,通过云测试提供者提供的服务就能方便地实现被测系统在不同系统平台的执行结果。

(4)在云测试中,测试资源一旦得到申请立即可以使用,不需要进行复杂的准备过程。云测试提供了一整套的测试环境,测试人员利用虚拟桌面等手段就可以登录到云测试环境进行测试。这使得测试人员不必自己进行软硬件的安装、测试环境的配置以及测试环境的维护,这些都能由云测试的提供者来提供相应的服务。就目前的虚拟化技术来说,测试人员可能不需要创建自己的测试环境,通过利用标准化的云测试环境来进行测试,或者只需要几小时就能创建一套新的测试环境,大大减少了测试的准备时间。

(5)云测试能够为测试人员提供各种便捷的服务云测试,除了可以给测试人员提供完整的测试环境,还可以提供许多测试服务。例如,云测试可以提供还原点将虚拟机重置到指定状态;在测试执行过程中,能监控各种资源,帮助测试人员发现问题,定位错误;云测试还可以提供多台测试客户机,进行大规模的模拟测试,通过云测试平台的各种工具为测试人员提供便捷的服务。此外,云测试平台还可能提供专业的专家服务知识,使测试人员能获得专家级的详细测试分析结果。

2. 云计算系统测试技术的类别

1)云计算系统功能和标准符合性测试

云计算系统软件的发展与应用与其相应的技术标准或规范是分不开的,衡量一种云系统是否能够符合用户需求,从很大意义上来说,就是在衡量它们所提供的服务的正确性以及是否符合技术标准或规范。然而,目前云计算的相关标准不是很统一,各有说法,百家争鸣,但就云计算特征和主要功能来说,各家还是比较统一的,如分为 3 个层次:SaaS、PaaS 和 IaaS,要实现资源池及其调度管理、任务的分解、调度和执行、按需自助服务、服务计费、工作流管理、虚拟化平台以及门户应用等一些主要功能。如果就 SaaS 来说,可以测试的是 Web 服务测试,一个很重要的方面就是测试其是否符合规范,包括统一描述、发现和集成(Universal Description Discovery and Integration,UDDI)、XML、简单对象访问协议(Simple Object Access Protocol,SOAP)、Web 服务描述语言(Web Services Description Language,WSDL)等,只有符合这些规范,才能向用户提供正确的 Web 服务,因此 Web 服务测试所使用的方法和技术可以被云服务测试所借鉴和引用。云计算服务测试的目标是确保云服务为给定的请求传递期望的应答。然而对于大多数云计算服务,准确预测客户端将会发送什么类型的请求、列举所有可能的请求是不可行的,因为请求输入的范围空间可能非常大。因此,验证云计算服务是否可以处理范围广泛的请求类型和参数非常重要。

2)云计算系统性能测试

云计算性能测试的目标是验证在各种负载情况下云计算服务的性能。进行性能测试的最佳方式使得多个测试客户运行完整的云服务测试,包括请求提交和应答验证。性能测试不仅通过指定的并发请求数来监视服务器的响应速率,还要测试各类负载是否导致云服务功能性故障。因此,要求云服务性能测试工具能够设置或者定制性能测试场景(主要是指定负载等级、负载分布等)来执行云性能测试套件。根据高性能计算系统常见的应用场景,云计算系统性能测试可设置的场景主要包括 bell 曲线、缓冲区测试、线性增加和稳定负载。这样,通过使用不同的测试场景来使用不同的测试用例,同时还应支持跨越远端的云服务器分布虚拟用户,从而模拟极限测试与压力测试。

3)云计算系统安全可靠性测试

云计算系统安全可靠性测试主要采用以系统评估为主、测试为辅的方法。因此,也需要对现有的云计算系统进行提炼,总结出普遍适用的云计算模型,进而能通过云计算模型得到云计算的安全可靠性模型,在这个模型下对云计算系统的安全可靠性进行评估。云计算系统的安全可靠性模型主要是由一些评价指标构成,这些指标要能完整地描述系统可靠性要求的各个方面,指标之间应减少交叉,防止相互包含,要具有相对独立性。模型的结构也决定了指标之间的组合关系,这些关系与云计算系统的应用类型有关。测试人员通过测试或评估收集这些指标值,再通过模型提供的结构使其组合在一起,与其他测试的结果最终构成了对云计算系统的安全完整的评价。

3. 云测试技术的应用

目前云测试主要应用于以下3个方面:

(1)测试人员利用云测试服务商提供的测试环境,运行自己的测试用例。

(2)云测试服务商为测试人员提供测试执行的服务。测试人员编写好测试案例后,提交给云测试平台,云测试平台执行测试并返回测试结果。例如,常见的性能测试执行,测试人员需要将测试案例、虚拟用户数、网络连接配置等性能参数提供给云测试平台,云测试平台通过性能测试软件,如 Load Runner 来执行测试,并生成性能测试报告。

(3)测试中需要使用软件工具或测试运行于不同测试环境都可进行云测试。例如:测试软件在不同硬件环境平台下的运行;测试软件运行于不同操作系统、数据库环境、浏览器对平台的适应性;测试软件运行在安装不同防火墙及防病毒软件环境时运行的可靠性;自动化的功能测试以及性能测试等都适用于云测试。随着云计算技术的发展,云测试提供商提供的服务也越来越多,适合于云测试的项目也将不断增加。

4. 云测试的执行过程

当签署完了一份云测试协议后,开始执行云测试,将会考虑以下4个方面的问题:

(1)了解云计算系统的测试需求及测试技术。对于云测试系统来说,测试需求关键是找出云计算系统有哪些风险。首先要求测试工程师对云计算有一个较深的理解,并对云计算的关键技术有一定了解。例如:虚拟化技术,分布式的编程模式、存储模式、海量数据的管理、云平台自身的管理以及资源调度等,才能准确判断云计算系统测试的缺陷、漏洞和风险。

(2)制定一份详细的云测试计划。与内部测试相比,云测试计划应更加详尽,因为一旦测试提交到云中,测试过程很难直接掌控,测试的风险也会加大。因此,详细的测试计划能减少这一过程带来的风险,一个标准的云测试计划的目标就是在测试执行的过程以及性能和安全性等各个方面降低风险。

(3)确定云测试过程的安全性。在签署云测试协议之前,对云测试服务提供商的安全性做法和策略应有相当的了解,在云测试执行过程中也要确保对测试执行过程及结果分析的安全性,保证数据不被泄露。

(4)云测试的执行。在确定好以上几点后,就可以在云测试平台上执行云测试了。

技能实训

关于端的测试评价——环境感知传感器测试评价

(1)测评对象:配备毫米波雷达、超声波雷达和激光雷达的新能源汽车一辆。

(2)测评内容及过程：

①车辆符合性检查。

②设备符合性准备。

③封闭场地测试条件检查。

④实车验证及数据收集。

根据车辆装备的毫米波雷达进行表2-4的相关测试；

根据车辆装备的超声波雷达进行表2-5～表2-8的相关测试；

根据车辆装备的激光雷达进行表2-9～表2-11的相关测试。

编制相关测试记录表。

毫米波雷达测试内容及记录表　　　　　　　　　　　　表2-4

测试数据		毫米波雷达1	毫米波雷达2	毫米波雷达3	毫米波雷达4
最小探测距离					
最大探测距离					
水平横向宽度					
定点精度					
不同车速最大检测目标距离	15km/h				
	20km/h				
	30km/h				
	40km/h				
	50km/h				
	60km/h				
不同车速下检测目标精度	15km/h				
	20km/h				
	30km/h				
	40km/h				
	50km/h				
	60km/h				
动态跟踪测试					

整体识别正确率须达到_____，是否通过整体标定测试。

超声波雷达测试基本参数记录表　　　　　　　　　　　　表2-5

测试数据	最小距离	最大距离	水平角度	垂直角度
探头1				
探头2				

超声波雷达测试障碍物实际距离与检测距离比较记录表　　　　表2-6

实际距离		探头1		探头2	
		检测距离(m)	误差(m)	检测距离(m)	误差(m)
金属杆距离(m)	4.0				
	3.0				
	1.5				
	1.0				
	0.5				
	0.2				
纸箱距离(m)	4.0				
	3.0				
	1.5				
	1.0				
	0.5				
	0.2				
行人距离(m)	4.0				
	3.0				
	1.5				
	1.0				
	0.5				
	0.2				

超声波雷达测试工作稳定性记录表　　　　表2-7

测试数据	正常数据次数	异常数据次数	时间	跳变情况
探头1				
探头2				

超声波雷达测试动态数据记录表　　　　表2-8

测试数据	初次探测距离	持续跟踪帧数	总帧数	稳定性
金属杆				
纸箱				
行人				

整体识别正确率须达到_____，是否通过整体标定测试。

激光雷达测试对前车的识别情况记录表　　　　表2-9

与前车距离	1m	2m	3m	4m	5m	6m	7m	8m	9m	10m
识别情况										

模块二　智能网联汽车"端管云"测试评价技术

激光雷达测试记录表1　　　　　　　　　　　　　　　　　表2-10

测试场景		行人	骑车人	小孩	宠物
半径2m	-60°				
	-45°				
	-30°				
	-15°				
	0°				
	15°				
	30°				
	45°				
	60°				

注：测试条件，对前方4m激光雷达FOV内，在半径2m时对不同障碍物。

激光雷达测试记录表2　　　　　　　　　　　　　　　　　表2-11

测试场景	横向距离车辆中心距离	行人	骑车人	小孩	宠物
左转过弯	5m				
	4m				
	3m				
	2m				
右转过弯	5m				
	4m				
	3m				
	2m				

注：测试条件，车辆以20km/h车速行驶，左转或者右转过弯时不同障碍物。

整体识别正确率须达到_____，是否通过整体标定测试。

（3）编写测评报告。

思考与练习

一、判断题

1. 智能网联汽车验证最有效的方法就是道路测试。　　　　　　　　　　　　（　）
2. 智能网联汽车"端管云"测试评价的技术架构可划分为4个层次。　　　　（　）
3. 在协议测试技术中，性能测试是检测协议实现的性能指标，如吞吐量、延迟、丢包率、数据传输速度、连接时间、执行速度等。　　　　　　　　　　　　　　　　（　）
4. 云测试不能给测试人员提供完整的测试环境和测试服务。　　　　　　　（　）
5. 智能网联汽车云平台实现了车路云的协同驾驶，解决了智能网联汽车存在的信息

孤岛问题,在很大程度上优化了交通数据分析处理、信息融合的速度,减少了交通事故发生率。( )

二、选择题

1. "云端"指的是汽车的远程服务,其中包括( )等。
   A. 汽车远程服务提供商　　　　　　B. 大数据
   C. 互联网　　　　　　　　　　　　D. 云计算平台

2. 已知该系统的内部结构,允许人们检查系统的内部结构,检测系统是否按照规定运行的测试是( )。
   A. 白盒测试　　　B. 黑盒测试　　　C. 灰盒测试　　　D. 红盒测试

3. ( )的好处是可以不考虑协议实现,只是根据协议说明来判定IUT是否实现了协议规范。
   A. 协同测试方法　　B. 远程测试法　　C. 分布式测试方法　　D. 本地测试法

4. 云服务现有分类为( )
   A. 智能停车云服务　　　　　　　　B. 智能驾车云服务
   C. 车辆数据挖掘云服务　　　　　　D. 智能交通云服务

5. 可从部分失效中自动恢复,而且不会影响整体性能,特别是当故障发生时,系统可以进行恢复同时继续以可接受的方式进行操作的测试方式是( )。
   A. 功能测试　　　B. 性能测试　　　C. 容错性测试　　　D. 扩展性测试

三、简答题

1. 简述嵌入式软件系统测试过程。
2. 简述智能终端应用软件的测试项目。
3. 阐述大数据测试需要遵循的流程。
4. 简述云计算系统测试技术的类别。

模块三 智能网联汽车功能安全测评技术

> **学习目标**
>
> ▶ **知识目标**
>
> 1. 复述智能网联汽车功能安全的概念；
> 2. 分析功能安全产生的背景及发展现状；
> 3. 熟知 ISO 26262 标准；
> 4. 说明功能安全测评技术。
>
> ▶ **技能目标**
>
> 1. 描述功能安全测评技术的过程；
> 2. 依据标准完成自动辅助驾驶中一项功能的危害分析和风险评估；
> 3. 依据标准完成某款车型中一项安全功能的测试计划。
>
> ▶ **素养目标**
>
> 1. 通过对汽车功能安全标准的系统学习，建立标准化的概念，强化学生"安全第一"的观念，培养学生的标准化意识和安全意识；
> 2. 通过对安全完整性等级评估的学习，培养学生的危害分析和风险评估的能力；
> 3. 通过对功能安全测试的学习，使学生知道"计划"对于实现"目标"的重要性，培养学生严谨务实的工作作风。
>
> **建议课时**
>
> 6 课时。

一 了解汽车功能安全

(一) 汽车功能安全标准的诞生

汽车作为交通工具，始终和驾驶人、乘客以及车外的行人等的安全息息相关。作为一种工业产品，并且是大批量工业产品，必须要保证各种复杂路况环境下汽车的安全性。尤其随着科技的进步，在汽车上使用的电子器件，电气电

汽车功能安全标准的诞生

路,可编程逻辑器件越来越多,汽车系统也随之越来越复杂。早期的安全控制技术一般以"试错"的方式获得,几乎每一项技术都是在血的教训中逐步成熟与完善起来的。后来,在严格审批程序控制之下,通过组合采用以前证明适用的技术,人们将安全控制技术扩展使用到更多、更复杂的场合。再用传统的"试错"方式发展现代安全控制技术,一来因系统太大失败的代价巨大,二来因系统太复杂几乎不可能试过所有的失效模式。如何评价与保证新技术系统的安全性问题,成为业界面临的一大难题。与之相应的,是一个宏大的安全系统设计标准体系和严格的管理规定,这些管理规定通常都上升到法规的高度。这些标准和法规详细规定了构建安全控制系统的所有细节,包括选材、采取的措施、测试与质量管理等多方面。

有鉴于此,国际标准化组织参考已经实施多年的电子、电气及可编程器件功能安全基本标准 IEC 61508,制定了专门针对汽车电子电气系统的功能安全国际标准 ISO 26262。这个标准是一个道路车辆功能安全标准,适用于道路车辆上所有提供安全相关功能的电力、电子和可编程电子器件等组成的安全相关系统。

由于欧美很多国家将汽车安全写入法规中,所以国外汽车行业各大 OEM(原始设备制造商)和部件供应商对汽车功能安全非常重视,在企业内部推行 ISO 26262 标准,组建了自己的功能安全团队,制定了符合功能安全标准要求的开发和验证过程,并使开发流程和产品符合 ISO 26262 标准,从而满足汽车产品运行中的安全需要。尤其是国外整车企业,将功能安全作为零部件供应商的准入门槛,特别是目标客户在海外市场的我国零部件企业,这个门槛是必须跨越的。

我国对汽车功能安全也特别重视,在 ISO 26262 标准出现后,国家标准化管理委员会要求中国汽车技术研究中心负责推荐性国家标准《道路车辆功能安全》的制定工作。中国汽车技术研究中心组织成立了由整车企业、零部件企业、检测科研机构、科研院所及相关机构等多家单位组成的标准制定工作组。在 2015 年制定了《道路车辆功能安全》的征求意见稿,之后在 2017 年发布了正式对应 ISO 26262 的车辆功能安全的国家标准。虽然此标准是以推荐性标准发布尚未变成强制性标准,但当推荐标准被行业成员大部分认同和实施后,道路车辆功能安全也会成为进入市场领域的事实准入要求。换句话说,如果同行竞争对手都开发出符合功能安全的产品并以此为卖点,那么客户肯定会优先选择它。同时,加入了功能安全概念,势必会增加产品的附加值。这促使大家都开始把符合功能安全作为产品新的技术要求。

在智能新能源汽车领域,常见的实施功能安全项目的产品部件从三电(电动机、电控系统和动力蓄电池)变成了整车控制器(Vehicle Control Unit,VCU)、电动机控制器(Motor Control Unit,MCU)和动力蓄电池管理系统(Battery Management System,BMS),同时驾车行驶过程中的和安全息息相关的电子助力转向(Electric Power Steering,EPS)、发生碰撞时保护乘客安全的气囊系统(Supplemental Inflatable Restraint System,SRS)、远程信息处理系统(Telematics BOX,T-BOX)、先进驾驶辅助系统(Advanced Driving Assistance System,ADAS)等各类车用系统都开启了功能安全标准实施之门。

(二)功能安全定义及意义

根据 IEC 61508 标准,"安全"(Safety)就是不存在不可接受的风险;"功能安全"(Functional

Safety)指的是与受控设备(Equipment Under Control,EUC)和 EUC 控制系统有关的整体安全的组成部分。实际上,功能安全具有双重的目的:确保系统的运行,同时确保系统安全地运行。因此,功能安全可视为一种方法,用于开发一个具有可靠性、可用性、可维护性和安全等特性的系统。

一个系统只有在不会危及人的生命或造成环境破坏的时候才是安全的。安全相关系统只有被用于控制可能导致伤害的工业生产过程时,才可能影响安全。因此,IEC 61508 引入了受控设备(EUC)和受控设备控制系统的概念,安全相关系统的设计和应用是为确保受控设备的安全提供服务的。

实现必需的安全功能,以实现或维护受控设备的安全状态。其自身或者与其他技术安全相关系统或外部风险降低设施一起,在必需的安全功能上实现必要的安全完整性。

IEC 61508 还提供了一个基于风险分析的方法,决定安全相关系统的安全要求及安全功能的安全完整性等级。因此,IEC 61508 定义了整体安全生命周期的概念,作为构建安全相关系统的框架。系统的安全不仅仅是由系统的设计和实现决定的,还取决于系统的安装、运行和维护等活动。因此,整体安全生命周期不仅仅覆盖安全相关系统的设计,还包括安全相关系统规划、设计、安装、调试、运行、维护、停用等所有的主要阶段,其基本思想是功能安全相关的所有活动都是按一个有计划的系统的方法进行管理的。因此,整体安全生命周期的每个阶段都确定了各自的范围、目的、所要求的输入和符合要求的输出,通过这种结构化的分析方法指导过程风险分析、安全相关系统的设计和评估,使隐藏在安全相关系统中的非安全因素降到最低水平。

ISO 26262 对关键的安全级别进行了四层划分,通过汽车安全完整性等级(ASIL)来衡量。如图 3-1 所示,ASIL A 是最低等级,要求数目约 100 个;而 ASIL D 是最高等级,要求数目近 200 个。等级越高,安全系统就需要提供越多的安全和验证措施,需要增加更多的测试和集成工作,也就意味着供应商需要承担更多的开发成本和时间。

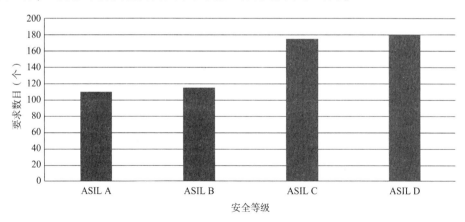

图 3-1　功能安全要求统计

无论是国家政策导向还是汽车市场大环境所迫,智能网联汽车都成了大势所趋。IDC(国际数据公司)预测,2025 年全球网联汽车销售规模为 7830 万辆,5 年复合增长率将达到 11.5%。2026 年全球自动驾驶车辆销售规模为 8930 万辆,5 年复合增长率将达到 14.8%。

这样不仅在关乎行车安全的"三电"系统,还在 ADAS 等方面,国家标准、行业规范和创新技术都在不断完善和丰富起来。为了实现智能新能源汽车的整车功能安全,需要 OEM 和各级供应商有着明确的职责划分和合作模式,国外主机厂在与供应商合作中,如博世、电装等,都有着明确的功能安全标准和验证要求。国内不少企业都借鉴了国外的技术或模式,如联合电子借助博世技术,已经实现功能安全电控的本地化研发和生产;不同的汽车部件对功能安全的要求是不同的,越核心的部件需要越高等级的功能安全。举个简单的例子,纯电动汽车在发生碰撞后之所以极易发生起火,原因就在于动力蓄电池组未及时断电,碰撞产生的挤压变形造成动力蓄电池短路,进而引发火灾。针对这种情况,符合 ISO 26262 标准的动力蓄电池需要进行冗余设计,通常是同时使用两个独立执行模块,尽量缩短响应时间,也就是碰撞信号的采集、确认以及执行器执行整车切断高压电指令的时间,只有响应时间越短,系统安全性才能越高。在充放电过程的管理、故障诊断等方面都需要有严格的分析、预防、保护等一系列安全管理策略。

由此可见,功能安全标准(ISO 26262)是从 IEC 61508 衍生出来,主要定位在汽车行业中特定的电气器件、电子设备、可编程电子器件等专门用于汽车领域与安全相关的部件,旨在提高汽车电子、电气产品功能安全的国际标准。目前,中国也正在积极进行相应国标的转化与制定工作。

二 ISO 26262 标准解读

ISO 26262(Road Vehicles-Functional Safety)道路车辆功能安全系列标准于 2011 年 11 月 15 日正式颁布,该标准的目的在于:

①提高汽车电子、电气产品的功能安全;

②在产品的研发流程和管理流程中,预先分析和评估潜在的危害和风险;

③通过实施科学的安全技术措施、规范和方法来降低风险;

④利用软、硬件系统化的测试、验证和确认方法,使电子、电气产品的安全功能在安全生命周期内满足汽车安全完整性等级的要求;

⑤提升系统或产品的可靠性,避免过当设计而增加成本以及避免因系统失效、随机硬件失效、设计缺陷所带来的风险;

⑥使电子系统的安全功能在各种严酷条件下保持正常运作,确保驾乘人员及路人的安全。

该系列标准适用于安装在最大总质量为 3.5t 的量产乘用车上的与安全相关的电子电气系统(包括电子、电气和软件组件)。该标准所涵盖的范围广泛,几乎所涉及了所有与功能安全相关的汽车电子、电气产品,包括传统汽车和新能源汽车。该系列标准:

①提出了一个汽车安全生命周期概念(管理、开发、生产、运行、维护、停用);

②提出了一个专用于汽车的基于风险分析的方法,以确定汽车安全完整性等级(ASIL:Automotive Safety Integrity Level);

③利用汽车安全完整性等级来制定相应的规范和措施以避免不合理的残余风险;

④提出了验证和确认方法的规范以确保达到可接受的安全完整性等级;

⑤提出了与供应商相关的规范要求。

功能安全受开发过程(包括规范要求、设计、应用、集成、验证、确认和配置)、生产过程和管理过程的影响。ISO 26262 系列标准由以下 10 部分组成：

①第一部分：术语；
②第二部分：功能安全管理；
③第三部分：概念阶段；
④第四部分：系统层面产品开发；
⑤第五部分：硬件层面产品开发；
⑥第六部分：软件层面产品开发；
⑦第七部分：生产和运行；
⑧第八部分：支持过程；
⑨第九部分：汽车安全完整性等级导向和安全导向分析；
⑩第十部分：指南。

ISO 26262 的相关内容较多，主要对功能安全管理、概念阶段、硬、软件层面产品开发、生产和运行及支持过程进行介绍和解读，其余部分只简单地进行介绍，其中部分架构图如图 3-2 所示。

图 3-2 ISO 26262 的部分架构图

(一)功能安全管理

ISO 26262 是 IEC 61508 对 E/E 系统在道路车辆方面的功能安全要求的具体应用。它适用于所有提供安全相关功能的电力、电子和软件元素等组成的安全相关系统在整个生命周期内的所有活动。它规定了车辆功能安全管理的要求,包括整体安全管理组织方面的要求,还有在安全生命周期内(包括概念阶段、产品开发及产品发布后的生产)的管理活动要求。

ISO 26262 标准分别从功能安全管理、概念、系统级研发、软硬件的研发、生产和操作等方面对产品的整个生命周期进行了规范和要求。从而使得产品在各个生命周期都比较完善地考虑了其安全功能。一个好的产品,要靠一整套好的管理体系来实现,并可靠地生产出来。ISO 26262 给出了一套这样的管理方法、流程、技术手段和验证方法,称之为安全管理生命周期,框架如图 3-3 所示。

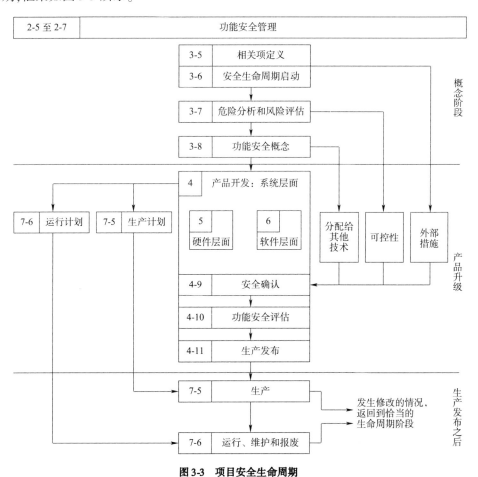

图 3-3 项目安全生命周期

其中各部分具体含义和措施,下面就来分别说明:

1) 相关项定义

相关项定义是对所研发的相关项目的一个描述,是安全生命周期启动的任务,其包括了项目的功能、接口、环境条件、法规要求、危险等内容,也包括项目的其他相关功能,系统和组件决定的接口和边界条件等。

2) 安全生命周期启动

基于相关项定义,安全生命周期要对项目进行区分,确定是新产品研发,还是既有产品更改。如果是既有产品更改，影响分析的结果可以用来进行安全生命周期的拼接，如图 3-2 所示。

3）危险分析和风险评估

安全生命周期启动之后，就要按照 ISO 26262-3 的第七条款来进行危险分析和风险评估，其流程中要考虑暴露的可能性、可控性和严重性，以便确定项目的 ASIL 等级。接下来就是为每一个风险设立安全目标，并确定合适的 ASIL 等级。

4）功能安全概念

基于安全目标，功能安全概念就要考虑具体的基本架构。功能安全概念就是对定位到每个项目元素中的功能安全要求的具体化和细化。超出边界条件的系统和其他技术可以作为功能安全概念的一部分来考虑。对其他技术的应用和外部措施的要求不在 ISO 26262 考虑的范围之内。

5）系统层面产品研发

有了具体的功能安全概念之后，接下来就是按照 ISO 26262-4 的系统层面研发了。系统层面研发的过程基于技术安全要求规范的 V 模型。左边的分支都是系统设计和测试，右边的分支是集成、验证、确认和功能安全评估。

6）硬件层面产品研发

基于系统的设计规范，硬件层面的产品研发要遵循 ISO 26262-5 的要求。硬件研发流程应符合 V 模型概念左侧分支的硬件设计和硬件要求。硬件的集成和验证在右侧分支。

7）软件层面产品研发

基于系统的设计规范，软件层面的产品研发应遵循 ISO 26262-6 的要求。软件研发流程应符合 V 模型概念中左侧分支的软件需求规范和软件设计架构设计的要求。软件安全需求中的软件集成和验证在右侧分支中。

8）生产计划和运行计划

其中包括：生产和运行计划，相关的需求规范，系统层面产品研发的开始等。ISO 26262-7 的第五条款和第六条款给出了生产和运行的具体要求。

9）生产发布

生产发布是产品升级的最后一个子阶段，预示着该项目即将完成，具体要求在 ISO 26262-4 的第十一条款中。

10）生产的运行、维护和报废

生产的运行、维护和报废应符合 ISO 26262-7 的第五条款和第六条款中，对产品的生产、运行、维护和报废的相关要求。

11）可控性

在危险分析和风险评估中，要考虑驾驶人和处于危险中的其他人可以采取措施来控制危险情况的能力。即如何对可控性的有效性提供证明不在 ISO 26262 的范围之内。

12）外部措施

参考相关项目以外的，在相关项定义中被描述的措施（参见 ISO 26262-3 的第五条款），以便减小项目的危险结果。外部危险降低措施不但包括附加的车载设备，如：动态稳定控制器、防爆轮胎等,也包括非车载装置,如:护栏、隧道消防系统等。这些外部措施在进行危险分析和风险评估的时候应该被考虑到,但如何为这些外部措施的有效性提供证明不在 ISO 26262 的范围之内,除非是 E/E 设备。但要注意的是,没有明确安全例证的外部措施是不完整的。

13) 其他技术

其他技术是指那些不在 ISO 26262 范围之内的,不同于 E/E 技术的设备,如机械和液压技术。这些都要在功能安全概念的规范中加以考虑或者在制定安全要求时加以考虑。通过以上这些具体的生命周期的各个阶段和标准中对每个阶段所必须考虑的措施、方法和具体技术的要求,将各个阶段的要求和如何满足要求的措施都进行逐一落实,这样才能设计出、制造出满足功能安全要求的安全产品。

(二) 概念设计

概念阶段主要包括 4 个子阶段,下面详细介绍 ISO 26262-3 对于相关项定义、安全生命周期启动、危险分析和风险评估以及功能安全概念的定义和要求。

1. 相关项定义

相关项定义,也就是对要进行研发的产品进行一个定义,进行一个描述。主要有两个目的:一个是定义和描述项目;一个是对项目有一个足够的理解,以便能够很好地完成安全生命周期中定义的每一个活动。

基于以上目的,要对项目进行明确、准确、正确的定义,就需要获得一些基本信息,ISO 26262 中给出了以下建议。

1) 项目信息

(1) 项目的目的和功能;

(2) 项目的非功能性要求,如操作要求、环境限制等;

(3) 法规要求(特别是法律和法规),已知的国家标准和国际标准等;

(4) 类似功能、系统或元素达到的行为;

(5) 对项目预期行为的构想;

(6) 已知的失效模式和风险在内的项目缺陷造成的潜在影响。

2) 项目的边界条件以及相关项目之间的接口条件

(1) 项目的所有元素;

(2) 项目对其他项目或项目环境因素的相关影响;

(3) 其他项目、元素和环境对本项目的要求;

(4) 在系统或者包含的元素中,对功能的定位和分配;

(5) 影响项目功能时,项目的运行情况有了以上这些基本的信息,就可以对要进行的项目给出一个比较明确和具体的相关项定义,明确项目的要求,从而使得对项目有一个足够的理解,能够指导后续工作,来很好地完成安全生命周期中定义的每一个活动。

2. 项目的安全生命周期

有了相关项定义之后,就要确定项目的安全生命周期,启动项目的安全生命周期,也就是开始对项目的安全生命周期进行细化。而要进行细化,就要区分是项目、是新产品研发还是既有产品的改造。

如果是全新的设备研发,则相关工作就得从安全生命周期的开始做起,项目定义之后就是项目危险分析和风险评估。如果是既有产品的改造,那么从项目定义开始的这些流程都可以使用一些既有的文件对整个过程进行定制。

现有产品升级改造,就要注意以下一些问题:

(1)要做一个产品和使用环境的分析,以制定出预期更改,并评估这些更改产生的影响。

①对项目的更改包括设计更改和执行更改。设计更改应该是由需求规范、功能和性能的增加或者成本的优化所致,执行更改不能影响项目的规格和性能,但可以影响执行特征。执行更改可以由软故障更改,使用新的研发成果或生产工具所致。

②如果配置数据和校准数据的更改会影响到产品的行为,则更改须考虑这些数据。

③对产品环境的更改应该是由产品要使用的新的目标环境或由于其他相关产品或元素升级而引发。

(2)要表述清楚产品使用的前后条件的差别,包括:

①操作条件和操作模式;

②环境接口;

③安装特征,如在车辆内部的位置,车辆的配置和变化等;

④环境条件的范围,如温度、海拔、湿度、振动、EMC和汽油抗爆性等。

(3)要明确给出产品变更的描述以及影响的范围。如果不能明确产品的变更和对环境数据影响的改变,则相关影响的分析数据都要进行记录。

(4)影响到的服役产品,需要进行升级的,要进行逐一列出。

(5)定制的相关安全活动应符合各个应用生命周期阶段的要求,包括:

①定制应基于影响分析的结果;

②定制的结果应包括在符合 ISO 26262-2 的安全计划中;

③影响到的产品须返工,包括确认计划和验证计划。

确定了以上这些基本信息之后,对所要进行的产品研发或者设备更改工作就有了一个清晰明确的定义,对产品的预期使用功能、环境,以及与相关设备的接口也有了一个明确的定义,接下来就可以进行危险分析和风险评估了。

3. 项目的危险分析和风险评估

危险分析和风险评估的目的和之前的 ISO 13849、IEC 62061 等的标准一样,都是为了将设备存在的危险识别出来,并根据危险的程度按照一定的原则对其进行分类,从而针对不同的风险设定具体的安全目标,并最终减小或消除风险,避免未知风险的发生。

也正是因为这样,危险分析、风险评估和 ASIL 等级的确定只是和避免风险有关的安全目标相关。通过对危险情况的系统评估,考虑引发危险的影响因素——伤害的严重性,暴露于危险中的可能性和危险的可控性,来确定安全目标和 ASIL 等级。而这 3 个指标都是针对产品的功能行为的,所以做危险分析和风险评估时,并不一定先要知道设计细节。

无内部安全机制的项目应在危险分析和风险评估过程中进行评估,拟实施或在以前的项目中已经实施的安全机制不在危险分析和风险评估考虑。在一个项目中，提供充分独立的外部评估措施是非常有效的。例如，如果有足够独立的证据证明，电子稳定控制系统可以通过增加控制来减少对底盘系统的故障影响。此举的目的是证明，要实施或已经实施的项目的安全机制成立，为功能安全概念的一部分。

危险分析和风险评估的第一步是情形分析和危险识别，即通过相关的情况分析将产品存在的风险识别出来。这就要考虑可能引发危险的操作环境和操作模式，并且要考虑在正确使用时和可预见的误使用时的情况。基于这样的考虑，我们应该通过大量的技术作系统分析，注意以下一些方面：

①准备一个用来进行评估的操作情况清单。

②系统的确定清单上的危险。主要可以通过如头脑风暴，检查列表，历史记录，FMEA，产品矩阵，以及相关的领域研究等技术手段进行。

③风险应该用在车辆上可以被观察到的条件或影响来进行定义或描述。

④在相关操作条件和操作模式下危险事件的影响应该被明确说明。例如，车辆电源系统故障可能导致丧失发动机动力，丧失转向的电动助力以及前照灯照明。

⑤如果在风险识别中识别出的风险超出了 ISO 26262 的要求范围，则需给出合适的相应措施。当然，超出 ISO 26262 的风险可以不必分类分级。

完成风险的识别之后，就要对这些风险进行适当的分级，以便设定相应的安全目标，并按照不同的风险等级来采取合理的措施加以避免。

风险的分类主要是通过 3 个指标来考量，即：危险发生时导致的伤害的严重性、在操作条件下暴露于危险当中的可能性（危险所在工况的发生概率）、危险的可控性。

4. 功能安全概念

做完危险分析和风险评估之后，在概念阶段，ISO 26262-3 还给出了功能安全概念这个阶段。其主要目的是通过前面的危险分析和风险评估之后得出的安全目标来确定具体的功能安全要求，并将它们分配到初步的设计架构，或者外部减少危险的措施当中去，以确保满足相关的功能安全要求。

为了符合功能安全目标，功能安全概念给出了一些基本的安全机制和安全措施，以便于功能安全要求被很好地分配到系统架构的元素中去。

这些主要的机制和措施如下：

①故障检测和失效缓解措施。

②安全状态转换。

③故障容错机制。即故障不会直接导致违背安全目标，或者保持系统处于安全状态（降级或者没有降级）。

④故障检测是为了将暴露时间减小到驾驶人可接受程度的警示装置。

⑤逻辑仲裁：不同功能触发的多任务请求应该通过逻辑仲裁来选择最合适的控制。

基于以上这些机制和措施，再根据之前的项目定义、危险分析和风险评估、安全目标的设定，以及考虑来自外部的一些预想架构、功能、操作模式及系统状态等，就可以开始考虑将功能安全要求进行适当的分配，指定 ASIL 等级，并将其合理地分配到子系统当中了。

(三)系统层面产品开发

系统层面产品开发启动的目标,是确定和规划在系统开发各个子阶段的功能安全活动。这部分内容在 ISO 26262-8 中也有描述。系统层面安全活动包含在安全计划中。

系统开发的必要活动如图 3-4 所示,产品开发启动和技术安全需求说明之后是系统设计。在系统设计过程中,系统体系结构建立以后,技术安全要求被分配到的硬件和软件部分,如果合适的话,分配到其他技术。从系统架构所增加产生的需求,包括硬件,软件接口(HSI),对技术安全要求进行细化,依据体系结构的复杂性,对子系统的需求依次地导出。之后,硬件和软件部分进行集成和测试,然后进行装车测试。一旦到装车测试的水平,执行安全确认,以提供达到安全目标的功能安全证据。系统级产品开发启动的安全活动是计划设计和集成过程中适当的方法和措施。

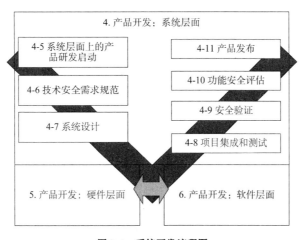

图 3-4 系统开发流程图

(四)硬件层面产品开发

在 ISO 26262-5 中规定了满足安全要求的硬件开发所需的活动和流程的计划,图 3-5 给出了硬件层面开发流程模型。

下面分别对各个子阶段进行介绍:

1)启动硬件层面产品开发

在硬件产品开发的启动阶段的目的是确定和规划在硬件开发的各个子阶段功能安全活动。规定的硬件安全活动计划包含在项目的安全计划中。

在硬件层面必要的活动和产品开发过程包括:

(1)技术安全概念的硬件实现;

(2)潜在的硬件故障及影响分析;

(3)与软件开发的协调。

与软件开发子阶段相比,这部分的 ISO 26262 包含两个条款描述项目的总体硬件结构定量评估。第 8 条介绍了两个指标来评估该项目的硬件架构和实施安全机制的有效性来面向随机硬件故障。作为第 8 条的补充,第 9 条描述了两种备选方案,以评估违反安全目标行为的残余风险是否足够低,或者通过使用一个全局性的概率方法或使用割集分析,研究确定违反安全目标的每个硬件元件故障的影响。

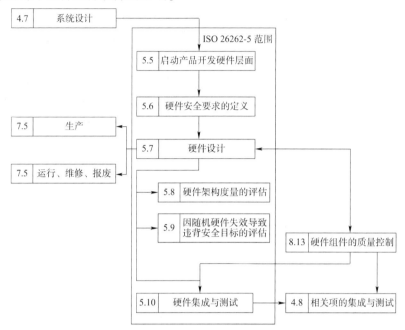

图 3-5 安全相关产品开发硬件层面的流程

根据 ISO 26262-2 的安全计划详细说明应包括,确定适当的方法和措施,硬件级别的产品开发活动是一致于在 ISO 26262-6 中策划的活动。

项目硬件的开发过程包括方法和工具,与整个硬件开发的各个子阶段相一致,并与系统和软件子阶段相一致,使有关规定保持其在硬件开发过程中的准确性和一致性。硬件开发的安全生命周期应符合 ISO 26262 的规定。

硬件单元的复用,或合格硬件单元的使用应在安全活动中进行说明和确认。

2)硬件安全需求规范拟定

该条款的第一个目标是规定硬件安全需求,参考技术安全概念和系统安全规范。第二个目标是验证硬件安全需求与技术安全概念和系统安全规范一致。更进一步的目标是详细描述软硬件接口规范 HSI。

技术安全需求分配到软件和硬件,硬件安全需求进一步详细,考虑设计约束,这些设计约束在硬件上的影响。

硬件安全需求规范应该是硬件上的技术安全要求,应该包含如下内容:

(1)硬件安全需求和相关安全机制的属性来控制硬件单元的内部失效,这包括内部安全机制覆盖瞬态故障,如使用的技术。相关属性可以包括定时器和看门狗检测。

(2)硬件安全需求和相关安全机制的属性能够承受外部单元的失效。例如,在 ECU 外部失效时,对 ECU 输入开路。

(3)硬件安全需求和相关安全机制的属性能够匹配别的单元的安全需求。

(4)硬件安全需求和相关安全机制的属性能够检测指示内部和外部故障。

(5)硬件安全需求不指定安全机制产品硬件的设计验证标准,包括环境条件(温度、振动、电磁干扰等),具体的操作环境(电源电压、任务历程等)和特定组件的要求。

硬件安全要求应按照 ISO 26262-8:2011 第 6、9 条验证,具有以下属性:

(1)与技术安全概念、系统设计规范、硬件设计规范一致;

(2)技术安全需求分配给硬件单元的完整性;

(3)与相关软件安全需求的一致性;

(4)正确性和精确性。

3)硬件设计

这一条款有以下两个目标:一是根据系统设计规范和硬件安全需求设计硬件;二是验证设计。硬件设计包括硬件架构设计和硬件详细设计,硬件架构设计应表示出所有硬件单元及彼此间的关系,硬件详细设计是指在电路原理图上的设计。

(1)硬件架构设计。硬件架构应实现硬件的安全要求,每个硬件单元应根据硬件安全要求实现最高的 ASIL。硬件安全要求和实现之间的可追溯性应保存到的硬件单元的最低层,但不需要写到硬件详细设计,ASIL 不会分配到硬件元件。为了避免高复杂性产生的故障,硬件体系架构设计需具有以下特征:

①模块化;

②粒度适当;

③简易性。

对于安全相关的硬件组件故障,在硬件设计过程中的非功能性条款应考虑以下的影响:温度,振动,湿度,灰尘,电磁干扰,无论是从硬件结构的硬件组件还是从其他的环境的串扰源。

(2)硬件详细设计:

①为避免设计缺陷,相关的经验教训应该遵循组织的安全文化。

②与安全相关的硬件部分失效时应考虑硬件详细设计过程中的非功能性原因,包括以下几方面的影响,如温度、振动、湿度、灰尘、电磁干扰、噪声系数,无论是从硬件组件的其他部件还是其环境的串扰源。

③硬件部分的操作条件应满足它们的环境和操作限制的规范。

④应该考虑稳健设计原则、稳健设计原理,可以利用基于 QM 方法清单。例如,保守的组件规范。

(3)安全分析。在硬件设计上找出故障原因和故障影响的安全性分析依据 ISO 26262-9:2011 第 8 条。安全分析的最初目的是支持的硬件设计规范。随后,安全分析可用于硬件设计验证。ISO 26262 要求适用于安全目标 ASIL(B、C、D)。每一个安全相关的硬件部件或零件,在确定的安全目标下,安全分析应考虑以下因素:

①安全故障;

②单点故障或残留故障;

③多点故障(或感知、检测或潜在的)。

在大多数情况下,可以将分析限于双点故障。但多点故障比双点故障点可以显示更高的技术安全概念(例如当实现冗余安全机制)。

双点故障的识别目的是不需要对每一个可能的两个硬件组合的故障进行系统分析,但是,至少,从安全技术概念考虑到组合(两个故障达到或维持一个安全的状态,一个故障影响安全相关的元素,另一故障影响相应的安全机制)。

a. 单点故障。单点故障是在一个单元中,未被安全机制覆盖且直接会导致违反安全目标的硬件故障。这项规定应用于安全目标 ASIL(B、C、D),避免单点故障的有效性安全机制证据,应当提供:

a)应提供保持安全状态的安全机制,或安全地切换到安全状态的能力(特别是恰当的缓解故障的容错时间间隔内的能力);

b)应评估关于残余故障的诊断覆盖率。

注意1:如果诊断测试间隔,加上相关安全机制的故障响应时间,超过有关容错的时间间隔,可以发生在任何时候(如不仅在上电时)的故障不能被认为是有效覆盖。

注意2:如果故障是可以描述为仅发生在上电时刻,车辆行驶过程中,然后接通电源后,对故障执行测试。

注意3:采用诸如 FMEA 或 FTA 的分析方法用来组成基本原理。

注意4:依据硬件组件和它们相关层的失效模式的知识,评价可以是硬件组件的任一个全局范围的诊断,或更详细的故障模式覆盖的评价。

b. 潜在故障。潜在故障是在多点故障检测时间间隔内不能被安全机制检测出来的也不能被驾驶人识别的多点故障。这项规定应用于安全目标 ASIL(B、C、D),避免潜在故障的有效性安全机制证据,应当提供:

a)故障检测,并通过驾驶人的能力,对潜在故障可接受的多点故障检测的时间间隔内,应以确定哪些故障潜伏,哪些故障是不能潜伏的。

b)对潜在故障的诊断覆盖率进行评价。

注意1:故障不能被认为是覆盖,如果它的诊断测试间隔,加上相关的安全机构的故障响应时间,比潜在故障相关的多点故障检测时间间隔长,则认为故障不能被覆盖。

注意2:采用诸如 FMEA 或 FTA 的分析方法用来组成基本原理。

(4)硬件设计验证。硬件设计应按照 ISO 26262-8 第 9 条,针对硬件安全要求合理性和完整性进行验证。

注意:此验证审查的范围是硬件设计的技术正确性。

在硬件设计中,如果发现任何硬件安全要求的实施是不可行的,应当按照 ISO 26262-8 的变更管理流程发出变更请求。

(5)生产、运行、维护和报废。如果安全分析已经表明,它们是与安全有关的特殊特性相关的,那么这些特殊特性应被指定。特殊特性的属性应包括:

①生产运行的核查措施;

②这些措施的验收标准。

4)硬件架构度量的评估

这一条款的目的是评估由故障处理的指标要求来设计的项目硬件架构。条款描述了两个硬件体系结构的评价指标的有效性,项目的架构来应对随机硬件故障。这些标准和相关的目标值适用于整个项目的硬件。这些指标涉及的仅限于一些项目的安全相关的电气和电子硬件部分随机硬件故障,即那些能够显著有助于违规或实现的安全目标,对于单点,剩余的和这些部件的潜在故障。对于电气硬件单元,只考虑电气故障模式和故障率。硬件架构指标可以反复地在硬件架构设计和硬件详细设计过程中应用。硬件体系结构指标依赖于产品的整个硬件。符合规定的硬件架构度量的目标值满足项目所涉及的每个安全目标。

定义这些硬件架构指标来实现以下目标:
①客观上应是可评价的:指标是可验证的,精确区别不同的架构;
②支持最终设计评估;
③使 ASIL 依赖于通过/失败标准;
④揭示安全机制的覆盖面,防止硬件架构单点或残留故障风险;
⑤揭示安全机制的覆盖面,防止硬件架构潜在故障风险;
⑥提出单点故障、残余故障和潜在故障;
⑦确保硬件故障率不确定性的鲁棒性;
⑧限于安全相关的元素;
⑨支持不同元素的语法,如目标值能分配给供应商元素。

要求和建议:这项规定安全机制的安全相关的诊断覆盖率应就剩余的故障和有关潜在故障评估适用于安全目标 ASIL(B、C、D)。分析硬件部分的故障率应由以下几个方法确定:

①使用从工业界认可的工业数据源中得到的硬件故障率数据,例如,公认的业内人士以确定硬件部分的故障率和故障模式分布,包括 IEC/TR 62380,IEC 61709,MIL HDBK217 F 通知 2,RIAC HDBK217,此外,UTE C80-811,NPR D95,EN 50129:2003,附件 C,IEC 62061:2005,附件 D,RIAC FMD97 和 MIL HDBK338。

②使用基于现场返回或测试数据。在这种情况下,失效率必须有足够的置信水平。

③使用工程上基于定量和定性参数的专家判断方法。专家判断应按照结构化的标准来行使这一判断的依据。这些标准应设置故障率的估算适用于安全目标 ASIL(B、C、D)。如果不能提供一个单点故障或潜在故障的计算故障率的充分证据,应提出替代手段(例如添加安全机制来检测和控制这个故障)。

对于每一个安全目标,量化指标值根据 ISO 26262-4:2011 第 7.4.4.2 条规定的"单点故障指标"一样,应根据以下参考目标值来源之一:

a.对硬件架构的指标计算;
b.依据表 3-1。

单点故障度量目标值　　　　表 3-1

项目	安全等级(ASIL)		
	B	C	D
单点故障度量	≥90%	≥97%	≥99%

对于每一个安全目标,量化指标值根据 ISO 26262-4:2011 第 7.4.4.2 条规定的"潜伏故障指标"一样,应根据以下参考目标值来源之一:

a. 对硬件架构的指标计算;
b. 依据表 3-2。

潜伏故障度量目标值　　　　　　　　　　　　　　　表 3-2

项目	安全等级(ASIL)		
	B	C	D
潜伏故障度量	≥60%	≥80%	≥90%

5)随机硬件失效导致违背安全目标的评估

对于随机硬件失效率指标的规定见表 3-3。

随机硬件失效概率目标值　　　　　　　　　　　　　表 3-3

项目	安全等级(ASIL)		
	B	C	D
随机硬件失效概率	$<10^{-7}/h$	$<10^{-7}/h$	$<10^{-8}/h$

6)硬件集成和测试

这一条款的目的是通过测试确保开发的硬件满足硬件安全要求。活动的目的是集成硬件单元和测试硬件设计以验证其符合适当的 ASIL 硬件安全要求。硬件集成和测试不同于 ISO 26262-8:2011 第 13 条的硬件组件活动的限制,它给出了中级层硬件组件符合 ISO 26262 的证据。

(1)硬件集成和测试活动,应当按照 ISO 26262-8:2011 第 9 条进行;

(2)硬件集成和测试活动,应符合 ISO 26262-4:2011 第 5.5.5 条中给出的项目集成和测试计划;

(3)测试设备应该属于质量监控系统。

(五)软件层面产品开发

根据图 3-6,下面详细介绍软件层面产品开发流程。

1. 软件层面产品开发启动

这个子阶段的目标是计划和启动软件开发的功能安全活动。软件开发的启动是计划活动,其中软件开发子阶段及其支持过程(ISO 26262-8 和 ISO 26262-9)是根据项目发展的程度和复杂性决定和计划。软件开发子阶段和支持流程是通过确定适当的方法启动,以符合有关规定和各自的 ASIL。方法是指通过指南和工具,对于每个子阶段支持。启动软件层面产品开发的要求和建议如下:

(1)应当规划确定产品开发在软件级别的活动和适当的方法。

(2)产品开发的生命周期在软件层面的制定应当按照 ISO 26262-2:2011 第 6.4.3.4 条进行。

(3)对于一个项目的软件开发过程,包括生命周期、方法、语言和工具,应当是与整个软件生命周期的所有子阶段一致的,并与系统和硬件开发阶段兼容,使得所需的数据可以被正确地转换。

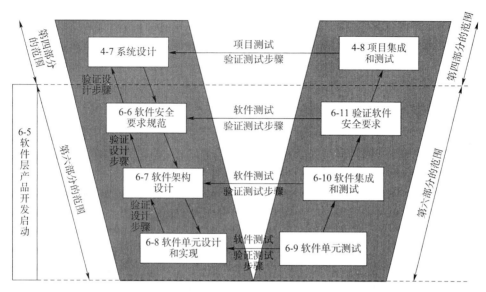

图 3-6　软件开发流程

(4)对于软件开发的每个子阶段,下面的选择,包括为它们的指南,应进行适当的方法和合适的工具的选择。

(5)选择一个合适的模型或编程语言,必须考虑的标准如下:

①一个明确的定义;

②对嵌入式实时软件和运行时错误处理的支持;

③对模块化、抽象化和结构化结构的支持。

(6)为了支持设计和执行的正确性,设计和建模语言,或编程语言,应符合所列的主题。例如,MISRA C 和 MISRA AC AGC 作为编程语言 C 的编码规范。

2. 软件安全需求规范拟定

这个子阶段的第一个目标是拟定软件安全需求,它们是来自技术安全概念和系统设计规范。第二个目标是细化软硬件接口要求,依据 ISO 26262-4:2011 第 7 条。第三个目标是验证该软件的安全要求和硬件的软件接口要求与技术安全概念和系统设计规范一致。软件安全需求规范拟定的要求和建议如下:

(1)该软件的安全要求应满足每个基于软件的功能,其故障可能违反相应的软件技术安全要求。例如,功能故障可能导致违反安全规定可以是:

①使系统达到或保持安全状态的功能。

②相关的检测,显示和处理的安全相关的硬件元件故障的功能。

③相关的检测,通知和缓解软件本身的故障功能。

注意 1:这些包括在操作系统和应用程序特定的自我监测的软件来检测,表示和处理系统故障的应用程序。

④与车载和非车载测试相关的功能。

注意2：车载的测试可以由系统本身或所述车辆的运行前和运行后阶段的车载网络内的其他系统进行。

注意3：非车载测试指在生产或服务中与安全有关的功能或性能测试。

⑤软件生产和服务过程中进行修改的功能。

⑥有关性能或时间要求严格的操作功能。

(2) 软件安全要求规范应来源于技术安全概念和系统设计,符合 ISO 26262-4:2011 第7.4.1 和7.4.5 条,应考虑以下因素：

①安全要求符合 ISO 26262-8:2011 第6条的规定和管理；

②指定的系统和硬件配置；配置参数可以包括增益控制,带通频率和时钟分频器；

③有关软硬件接口规范；

④硬件设计规范的有关要求；

⑤时序约束；

⑥外部接口；

⑦车辆、系统或硬件的运行模式对软件有影响。

(3) 如果 ASIL 分解到软件安全技术需求,应遵守 ISO 26262-9:2011 第5章。

(4) 在 ISO 26262-4:2011 第7条发起的软硬件接口规范,详细说明会降至允许正确的控制和硬件的情况,并应说明硬件和软件之间的每一个与安全有关的依赖关系。

(5) 如果其他的安全性的要求,除了在6.4.1条中指定的通过嵌入式软件实施的那些功能,这些功能将被指定,否则引用它们的规范。

(6) 软件安全要求的验证,硬件软件接口的规范细化,应按照 ISO 26262-8:2011 第9条计划。

(7) 细化的软硬件接口规范应由负责本系统的硬件和软件开发人员共同进行验证。

(8) 软件安全要求和细化的软硬件接口要求应按照 ISO 26262-8:2011 第6、9条进行验证：

①与技术安全要求的合规和一致性；

②符合系统设计；

③与软硬件接口一致。

3. 软件架构设计

这个阶段的第一个目标是设计软件体系结构以实现软件安全需求,第二个目标是校验软件体系结构。软件架构设计的要求和建议如下：

(1) 在软件体系开发的过程中,应该考虑下列因素：

①软件架构设计的可验证性；

②配置软件的适用性；

③软件单元的设计和实施的可行性；

④软件集成测试中的软件体系结构的可测试性；

⑤软件体系结构设计的可维护性。

(2)为了避免高复杂性造成的故障,软件系统结构设计应具有以下性质:

①模块化;

②封装性;

③简单化。

(3)软件体系结构设计应开发到所有软件单元都被识别的水平。

(4)每一个与安全相关的软件组件应被归类为以下之一:①新开发的;②修改重复利用;③无修改重复利用。

(5)新开发的,或经过修改重复使用的安全相关的软件组件,应该符合 ISO 26262。

(6)那些没有修改重复使用的安全相关的软件组件,则应该符合 ISO 26262-8:2011 第 12 条。

(7)该软件的安全要求应分配给软件组件。因此,每个软件组件,应当制定符合任何分配给它的最高 ASIL 要求。

4. 软件单元设计和实现

这个子阶段的第一个目标是规定软件单元按照软件体系设计及相关的软件安全要求。第二个目标是实现所指定的软件单元。第三个目标是静态验证软件单元设计和实现。

根据软件体系结构设计,开发软件单元的详细设计,详细设计将被实现为一个模型或直接为源代码,根据建模或编码准则。在进行软件单元测试阶段之前,详细设计和开发是静态验证。如果代码是手工开发,在源代码级别实施相关的属性是可以实现。如果基于模型的开发与自动代码生成时,这些属性应用到模型,无须应用到源代码。

为了开发一个软件单元设计,实现软件的安全要求,以及所有非安全的要求。因此,在安全相关和非安全相关的要求都在这个子阶段的过程中处理。

软件单元的实现包括源代码的生成和编译成目标代码。软件单元设计和实现的要求和建议如下:

(1)本阶段应符合软件单元安全相关的要求。

(2)软件单元的规范应描述功能行为和内部设计,以达到必要的细节实施水平。例如,内部的设计可以包括使用寄存器和数据存储的限制。

(3)软件单元源代码级的设计与实现应达到以下属性:

①软件单元的子程序和函数的正确执行顺序基于软件架构设计;

②软件单元之间的接口一致性;

③软件单元内部的数据流和控制流的正确性;

④简约化;

⑤可读性和可理解性;

⑥鲁棒性;

⑦软件修改的适用性;

⑧可测试性。

(4)软件单元的设计与实施应按照 ISO 26262-8:2011 第 9 条进行验证,以证明:

①遵守软硬件接口规范(根据 ISO 26262-5:2011,6.4.10);

②软件安全要求分配给软件单元的实施的可追溯性;

③源代码和设计规范的一致性;

④源代码与编码指南一致性;

⑤软件单元实现与目标硬件的兼容性。

5. 软件单元测试

这个子阶段的目标是证明软件单元实现软件单元的设计规范和不含有不需要的功能。依据软件设计规范建立软件单元设计的测试流程,并依照流程来执行。软件单元测试的需求和建议如下:

(1)该条款要求应符合如果软件单元是与安全相关的。

(2)软件单元测试必须按照 ISO 26262-8:2011 第 9 条计划的规定来执行。

(3)软件单元测试方法应适用于验证软件单元的实现:

①遵守软件单元设计规范;

②遵守软硬件接口规范;

③指定的功能;

④不存在非计划的功能;

⑤鲁棒性;

⑥足够的资源支持功能。

(4)软件单元测试的测试环境应尽可能与目标环境密切对应。如果软件单元测试不在目标环境中进行,源代码和目标代码中的差异,以及测试环境和目标环境之间的差异,应在指定目标环境中额外的随后的测试阶段加以分析。

6. 软件集成和测试

这部分的第一个目的是集成软件元素,第二个目的是要证明软件体系结构设计是由嵌入式软件实现。软件集成和测试的需求和建议如下:

(1)软件集成的计划应说明整合各个软件分层单元到软件组件的步骤,直到嵌入式软件完全集成,并应考虑:

①相关的软件集成的功能依赖关系;

②软件集成和软硬件整合之间的依赖关系。

注意:对于基于模型的开发,该软件集成,可以在模型层和随后的自动代码生成集成的模型替换为集成。

(2)软件集成测试应根据 ISO 26262-8:2011 第 9 条计划的规定来执行。

(3)软件集成测试方法应用来证明软件组件和嵌入式软件的实现:

①遵守第 7 条的软件架构设计;

②符合 ISO 26262-4:2011 第 7 条的软硬件接口规范;

③规定的功能;

④鲁棒性;

⑤充足的资源来支持功能。

(4)为了评估测试用例的完整性,并证明没有额外功能,在软件集成级别要求的覆盖范围应确定。如果实现的结构范围被视为是不够的,那么额外的测试用例应指定或提供理由。

(5)为了评估测试用例的完整性,并证明没有额外功能,在软件集成级别要求的覆盖范围应确定。如果实现的结构范围被视为是不够的,那么额外的测试用例应指定或提供理由。

注意1:所述的结构覆盖可以通过使用适当的软件工具来确定。

注意2:在基于模型的开发的情况下,可以在模型层使用的模型类似结构覆盖度量进行结构覆盖分析。

(6)它应按照 ISO 26262-4:2011 第11条,验证嵌入式软件作为产品发布的一部分,包含的所有特定功能,并且不包含其他未指定的功能,如果这些功能不损害遵守软件安全要求。

(7)软件集成测试的测试环境应尽可能与目标环境密切对应。如果软件集成测试不在目标环境中进行,源代码和目标代码中的差异,以及测试环境和目标环境之间的差异,应在指定目标环境中额外的随后的测试阶段加以分析。

7. 软件安全需求验证

目的是验证嵌入式软件完成软件安全需求。软件安全需求验证的需求和建议如下:

(1)软件安全要求的验证应按照 ISO 26262-8:2011 第9条计划的规定来执行。

(2)为了验证嵌入式软件满足软件安全要求,测试应在相应的测试环境中进行。

(3)软件安全需求实施的试验应在目标硬件系统上执行。

(4)软件安全需求验证结果应进行评估:

①符合预期的结果;

②覆盖软件安全需求;

③通过或失败的标准。

(六)生产和运行

1. 生产

本条款的第一个目标是开发和维护生产过程中的被安装在道路车辆上的与安全相关的元素或项目。第二个目的是在生产过程中由相关制造商或人员负责该进程来实现功能安全(车辆制造商、供应商、二级供应商、组织等)。生产计划的建议和要求如下:

(1)生产流程应通过项目评估来计划,并通过考虑以下因素:

①生产需求;

②存储、运输和硬件单元的处理条件,如,硬件元素的允许存储时间;

③经产品发布文档认可的配置;

④以前产品生产计划中积累的经验;

⑤生产过程中的适用性,生产资料,工具和测试设备,与安全有关的特殊特性;

⑥人员能力。

(2)生产计划应说明生产步骤,顺序和实现该项目,系统或元件的功能安全要求的方法。它应包括:

①生产工艺流程和说明;

②生产工具和方法;

③可追溯性实现,如标签;

④若可以,适用于硬件开发的硬件单元专用措施的实施应符合 ISO 26262-5:2011,9.4.2.4 中规定。

(3)作为生产过程的一部分,流程应被定义,以确保正确的嵌入式软件和相关的校准数据被写入到 ECU。

(4)当开发生产控制计划,该控件的描述和项目的标准,系统或元件以及与安全相关的特殊特性应予以考虑。

(5)顺序和控制步骤方法应在生产控制计划描述,再加上必要的测试设备、工具和测试标准。

(6)合理的可预见的过程故障及其对功能安全的影响应该被识别,并实施适当的措施来解决相关过程失败。

(7)系统硬件或软件开发层的安全要求的可生产性在生产计划中规定,并指定专门的人负责开发(见 ISO 26262-4、ISO 26262-5 和 ISO 26262-6)。

(8)如果系统或元素在生产过程中需要改变,管理过程中所描述的条款应当遵守 ISO 26262-8:2011。

2. 运行、维护和报废

这一条款的目的是规定项目,系统或元素的客户信息、维修说明以及拆卸说明,以维护汽车生命周期的功能安全。运行、维护和报废的要求和建议如下:

(1)运行、维修过程的计划中应对项目进行评估,并考虑以下情况:

①维护和修理的要求;

②要求应提供给用户的信息,确保车辆的安全运行;

③警告和降级概念;

④现场数据收集和分析的措施;

⑤储存、运输和处理硬件元素的条件;

⑥经批准的生产文档版本配置;

⑦工作人员能力。

(2)维护计划应当描述维护步骤或活动顺序和方法、维护间隔和维护的必要手段和工具。

(3)维修计划和维修指令应当描述如下:

①工作步骤、规程、诊断程序和方法;

②维护工具和手段;

③控制步骤的顺序和方法,用于验证安全控制标准的特殊特性;

④项目、系统或元素配置,包括追溯性措施;

⑤项目、系统或元素允许的停止,和必要的修改;

⑥允许停止和修改的驾驶信息;

⑦替换零件条款。

（4）分解说明书应说明活动之前被应用措施的拆装，并且需要防止拆卸处理过程中违反的安全目标的分解车辆、物品或其他元素。

（5）系统硬件或软件级安全需求在运行、维护和分解计划中规定，并指定相关负责人负责开发（ISO 26262-4、ISO 26262-5 和 ISO 26262-6）。

（七）支持过程

在 ISO 26262-8 中规定了支持过程的要求，包括：

（1）分布式开发接口：描述程序，并在分布式开发的项目和元素中分配相关的责任。

（2）安全需求规范和管理：针对它们的属性和特点确保正确的安全要求规范；确保安全需求在整个安全管理生命周期的一致性。

（3）配置管理：确保工作产品创造的原则和基本条件，可以被唯一地标识和在任何时间是受控的；确保早期版本和当前版本之间的联系与区别是可追溯的。

（4）变更管理：在整个安全生命周期分析和控制变更对工作产品相关的影响。

（5）验证：确保工作产品符合其需求。

（6）文档：开发整个安全生命周期的管理策略文档，以便文档管理过程是有效的，可重复的。

（7）可信的软件工具：提供标准来确定当前的软件工具所需的信任水平；提供对应用的软件工具的认证，为了创建证据表明该软件工具适用于定制 ISO 26262 所需的活动或任务（即，用户可以依靠软件工具正确的功能通过 ISO 26262 需要的活动或任务）。

（8）软件组件证明：提供在项目开发时符合 ISO 26262 重用的证据。

（9）硬件组件证明：提供中间水平硬件组件和作为项目的一部分使用的部件，符合 ISO 26262 开发的系统或元素的合适证据，考虑它们安全概念目标的功能行为和操作限制；提供失效模式、失效模式分布、对项目安全概念的诊断能力等相关信息。

（10）论证证明：是符合 ISO 26262 的使用，在现在项目或元素中重用的情况下数据是可用的。

三 功能安全测评技术

目前智能网联汽车功能安全测评主要指符合功能安全标准 ISO 26262 的测评，对此要求如下：

（1）如果要宣称符合 ISO 26262，那必须是符合其每个要求，除非有以下情况之一：

①根据 ISO 26262-2 中，对不适用的要求进行安全行为的裁剪；

②针对不符合项，提出其说明理由，并对该理由根据 ISO 26262-2 进行评估。

（2）所有安全行为的输出物都在 ISO 26262 中有明确的规定。

（一）安全完整性等级评估

在对 ISO 26262 标准中的系统进行功能安全设计时，前期非常重要的一个步骤是对系统进行危害分析和风险评估，从而识别出系统的危害，并根据相关危害情况对危害的风险等级——汽车安全完整性等级(Automotive Safety Integration Level, ASIL)进行评估。ASIL 有 A、B、C、D 4 个等级,其中 A 是最低等级,D 是最高等级。风险分析的流程,主要包括场景分析,在不同驾驶环境下识别风险,可以用的工具包括 FMEA、FTA 等;然后根据风险参数进行危害度分析,从而确定 ASIL,明确要达到的安全目标;最后复审,验证分类的正确性和一致性。

1. 危险分析和风险评估

进行功能安全设计时,针对每种危险确定至少一个安全目标,安全目标是系统的最高级别的安全需求,由安全目标导出系统级别的安全需求,再将安全需求分配到硬件和软件。安全等级的评判由 3 个因素决定:伤害严重程度,发生概率和可控程度,其中严重度是指在可能发生潜在危险的场景下,对一个或多个人员造成伤害程度的预估;暴露概率是指人员暴露在系统的失效能够造成危险的场景中的概率;可控性是指通过所涉及人员的及时反应,也可能通过外部措施的支持,避免特定的伤害或损伤的能力。其等级划分标准见表 3-4。

安全等级的评判标准　　　　　　　　　　表 3-4

严重程度等级				暴露概率等级					可控性等级			
S0	S1	S2	S3	E0	E1	E2	E3	E4	C0	C1	C2	C3
无伤害	轻度和中度伤害	严重的和有可能危及生命的伤害	危及生命的伤害	不可能	非常低	低概率	中概率	高概率	原则可控	简单可控	正常可控	难以控制

其中,需要注意以下事项。

(1)如果经过危险分析,确定相关项的故障行为的后果明显局限于物质损坏并不涉及对人员的伤害,则该危险的严重度等级可为 S0。如果一个危险的严重度等级为 S0,则无须分配 ASIL 等级。

(2)暴露概率等级 E0 可用于在危险分析和风险评估过程中所建议的那些认为是几乎不可能发生或难以置信的场景,无须跟进。应记录排除这些场景的理由。如果一个危险的暴露概率等级被指定为 E0,则无须分配 ASIL 等级。

(3)如果相关项失效的危险不影响车辆的安全运行(例如一些驾驶人辅助系统),可控性等级可为 C0。如果已经有专门法规规定了针对一个既定危险的功能表现,则该危险的可控性等级可为 C0。或者没有专门法规规定,但是通过应用现有的经验认为达到了充分的可控性,通过讨论而定义为 C0 等级。如果一个危险的可控性等级为 C0,则无须分配 ASIL 等级。

下面将通过一个例子说明一下安全等级的标准划分。如发生故障为智能汽车正常行驶时突然自动转向,其伤害程度方面,可能会造成汽车失控,并关系到生命安全,其伤害等级应该为 3 级;发生概率方面,无论在高速公路、快速道路、城市道路都可能发生,取值为 4 级;可控程度方面,由于行驶中突然发生,容易失控,取值为 3,因此,该功能的安全等级应该定义为最高级 D 级。

ASIL 等级的确定基于这 3 个影响因子,表 3-5 给出了 ASIL 的确定方法,其中 D 代表最高等级，A 代表最低等级，QM 表示质量管理（Quality Management），表示按照质量管理体系开发系统或功能就足够了，不用考虑任何安全相关的设计。确定了危险的 ASIL 等级后，为每个危险确定至少一个安全目标，作为功能和技术安全需求的基础。

ASIL 等级确定　　　　　　　　表 3-5

严重度等级	暴露概率等级	可控性等级		
		C1	C2	C3
S1	E1	QM	QM	QM
	E2	QM	QM	QM
	E3	QM	QM	A
	E4	QM	A	B
S2	E1	QM	QM	QM
	E2	QM	QM	A
	E3	QM	A	B
	E4	A	B	C
S3	E1	QM	QM	A
	E2	QM	A	B
	E3	A	B	C
	E4	B	C	D

下面以电子驻车制动（Electrical Park Brake，EPB）系统为例介绍如何进行危险分析和风险评估。

EPB 较传统的驻车制动器，除了驻车功能，还有动态起步辅助功能、紧急制动功能以及自动驻车功能等。以驻车功能为例，当驻车时，驾驶人通过按钮或其他方式发出制动请求，EPB 系统在汽车的后轮上施加制动力，以防止车非预期滑行。该系统的危险有：非预期制动失效、非预期制动时起步。相同的危险在不同的场景下的风险是不一样的，所以要对不同的驾驶场景进行分析。为了简化问题，在此仅对"非预期制动失效"这种功能故障进行风险评估。表 3-6 给出了 EPB 风险评估表，在该表中我们考虑的驾驶场景是车停在斜坡上，驾驶人不在车上。如果驾驶人在车上的话，驾驶人可通过踩行车制动踏板控制汽车滑行，可控性增加，那么所评估的 ASIL 等级会比表 3-6 中的 ASIL D 低，但是对于同一个安全目标，如果评估的 ASIL 等级不同的话，要选择 ASIL 等级最高的那个。

EPB 风险评估表　　　　　　　　表 3-6

危险		非预期制动失效
驾驶场景		车停在斜坡上、驾驶人不在车上
可控性	分类说明	驾驶人不在车上，不具备可控性
	分类值	C3

续上表

严重度	分类说明	车突然滑行,或者偏离车道,会对行人造成严重伤害
	分类值	S3
暴露率	分类说明	驾驶场景"斜坡停车,且驾驶人不在车上"占车整个行驶寿命的比例>10%
	分类值	E4
ASIL		D

通过以上分析,得出 EPB 系统的安全目标为:防止制动失效,ASIL 等级为 D。

2. ASIL 分解评估

通过对危险分析和风险评估的介绍,了解系统的安全目标和相应的 ASIL 等级,从安全目标可以推导出开发阶段的安全需求,安全需求继承安全目标的 ASIL 等级。如果一个安全需求分解为两个冗余的安全需求,那么原来的安全需求的 ASIL 等级可以分解到两个冗余的安全需求上。因为只有当两个安全需求同时不满足时,才导致系统的失效,所以冗余安全需求的 ASIL 等级可以比原始的安全需求的 ASIL 等级低。

ASIL 分解可应用于相关项或要素的功能安全要求、技术安全要求、软硬件安全要求等。如果充分独立的架构要素,冗余地实现一个安全要求,则可应用"ASIL 分解"将一个可能更低的 ASIL 等级分配给这些分解后的安全要求。如果架构要素不是充分独立的,则冗余要求和架构要素须继承初始的 ASIL 等级,维持现状。因此,在 ASIL 分配过程中,这种分解方法有助于充分独立的架构要素在架构决策中获得分解后的、较低的 ASIL 等级,而非继承初始的 ASIL 等级,这对降低整个系统的开发复杂度及成本是很有益处的。ISO 26262 标准的第 9 章给出了 ASIL 分解的原则,如图 3-7 所示。

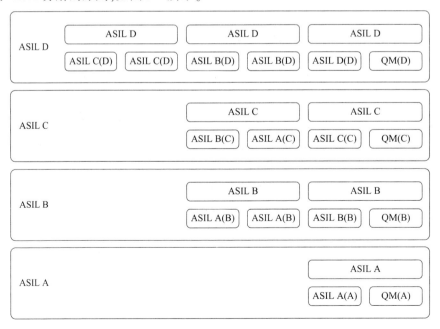

图 3-7 ASIL 分解原理

分解后的 ASIL 等级后面括号里是指明原始需求的 ASIL 等级,比如 ASIL D 等级分解为 ASIL C(D)和 ASIL C(D)等,因为集成和需求的验证仍然依据其原始的 ASIL 等级。ASIL 分解可以在安全生命周期的多个阶段进行,比如功能安全概念、系统设计、硬件设计、软件设计阶段。而且 ASIL 等级可以分多次进行,比如 ASIL D 等级分为 ASIL C(D)和 ASIL C(D),ASIL C(D)还可以继续分解为 ASIL B(D)和 ASIL B(D)。

ASIL 的分解需在充分独立、冗余实现同一安全需求的要素之间才能进行,ASIL 分解可以多次使用以支持 ASIL 的多级分解,但应通过在括号中给出安全目标的 ASIL 等级,对每个分解后的 ASIL 等级做标注。ASIL 分解有以下七大注意点:

(1)不适用 ASIL 分解的情况,包括:

同构冗余,例如通过复制设备或复制软件实现冗余,这会引入共因失效,不满足"独立性"。

在多通道架构设计中用来确保通道选择或切换的要素,这会引入级联失效,不满足"独立性"。

(2)系统层面 ASIL 分解时,可以在预期功能及其相应的安全机制间进行 ASIL 分解,但相关安全机制宜被赋予分解后的最高 ASIL 等级。这是因为与预期功能相比,安全机制具备更低的复杂度和更小的规模,从成本的角度,它更易满足高 ASIL 等级。

(3)硬件层面 ASIL 分解时,针对随机硬件失效的要求,包括硬件架构度量的评估和由于随机硬件失效导致违背安全目标的评估,在 ASIL 分解后仍保持不变。

(4)软件层面 ASIL 分解时,应在系统层面检查执行分解后要求的要素间的充分独立性,且应在软件层面、硬件层面或系统层面采取适当的措施来获得充分的独立性。

(5)当 ASIL D 分解成[ASIL B(D) + ASIL B(D)]时,需要遵守额外要求:

应按照 ASIL C 的要求来定义分解后的安全要求,因为与 ASIL B 相比,ASIL C 要求更正式的标记法,从而更有效的避免系统性失效,并降低两个 ASIL B(D)实施间的相关性。

如果用相同的软件工具开发分解后的要素,那么这些软件工具应考虑使用开发 ASIL D 相关项或要素的软件工具,并符合第 8 部分中软件工具使用的置信度。

(6)在"认可措施"方面,应按照安全目标的 ASIL 等级实施,并具备分解后要素充分独立性的证据。

(7)在集成及后续活动方面,针对"设计过程中应用了分解的每个层面",应按照分解前的 ASIL 等级要求,开展对分解后要素的相关集成活动及后续活动。

但是 ASIL 分解的一个最重要的要求就是独立性,如果不能满足独立性要求的话,冗余单元要按照原来的 ASIL 等级开发。所谓的独立性即冗余单元之间不应发生从属失效(Dependent Failure),从属失效分为共因失效(Common Cause Failure)和级联失效(Cascading Failure)两种。共因失效是指两个单元因为共同的原因失效,比如软件复制冗余,冗余单元会因为同一个软件 bug 导致两者都失效,为了避免该共因失效,我们采用多种软件设计方法。级联失效是指一个单元失效导致另一个单元的失效,比如一个软件组件的功能出现故障,写入另一个软件组件 RAM 中,导致另一个软件组件的功能失效,为了控制该级联失效,采用存管理单元可以探测到非法写入 RAM 的情况。下面以一个例子介绍 ASIL 分解的过程。

假设功能 F，其输入信号为 S1、S2、S3，这 3 个信号分别测量不同的物理量，是相互独立的，经过 ECU 部的逻辑运算后，发送触发信息给执行器（Actuator），功能 F 的架构如图 3-8 所示。假设经过危险分析和风险评估后，功能 F 的 ASIL 等级为 ASIL D，安全目标为避免非预期触发执行器。那么功能 F 的各个部分继承 ASIL 等级，即传感器、ECU、执行器都需要按照 ASIL D 等级开发，如图 3-9 所示。

图 3-8　功能 F 的架构示意图

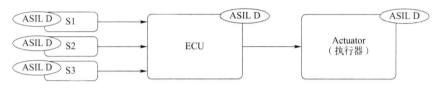

图 3-9　ASIL 等级在功能 F 架构上的分配图

经过进一步的分析发现，当行驶速度 v 大于阈值时，非预期触发执行器，才能造成危险。那么我们在功能 F 的架构中，加入一个安全机制，安全机制的功能是当检测到行驶速度 v 大于阈值时，不允许触发执行器。那么功能 F 的架构变为如图 3-10 所示。

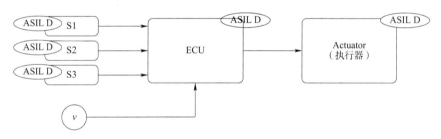

图 3-10　加入安全机制后的架构

功能 F 和安全机制是冗余安全需求，同时来满足安全目标，因此，可以将功能 F 原来的 ASIL 等级在这两个需求上进行分解，分解为 ASIL D(D) 和 QM(D)，分解后的 ASIL 等级如图 3-11 所示。

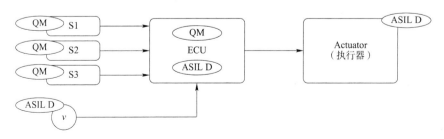

图 3-11　ASIL 分解后架构示意图

原来的传感器 S1、S2、S3 按照 QM 开发,速度传感器按照 ASIL D 开发,ECU 里面的软件,原来的逻辑按 QM 开发,安全机制的逻辑按照 ASIL D 开发,不同 ASIL 等级的软件存在于一个 ECU,为了保证软件之间的独立性,保证两者之间不相互影响,需要考虑存储保护机制,合适的调度属性来保证存储空间和 CPU 时间的独立性,这样会增加软件开发的很多成本。那么我们进一步采取硬件上的分离来保证独立性,我们选择一个成本很低的简单芯片(比如 Programmable Gate Array,PGA)来运行安全机制中的软件(图 3-12)。需要注意的是 PGA 要使用独立的电源和时钟。

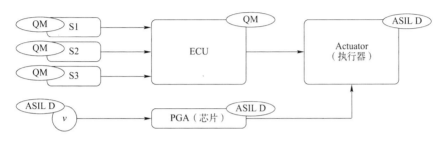

图 3-12　改进的 ASIL 分解后架构示意图

经过分解后,按照 ASIL D 开发的功能逻辑简单,使得开发变得简单,整体成本也得以降低。

(二)功能安全测试

下面列举各测试方法的表中,有不同的序号表示方法:

(1)连续的序号,比如 1.,2.,3.,…,所有的方法应被用于对应的 ASIL 等级,如果出现所列表中之外的方法被用于测试,则需要进行说明。

(2)可选的序号,比如 1a,1b,1c 可以选择某个或多个方法进行测试,并优先考虑更高推荐指数的方法。如果多个方法被组合选择用于测试,则需要进行说明。

(3)针对 ASIL 的各级,表中的每个方法都有对应的推荐指数:

①" + +":最高的推荐指数;

②" +":建议使用;

③"0":不建议使用或不需使用。

1. 功能安全测试概述

ISO 26262-8 中的第 9 章描述了"Verification"的目标、要求和建议、工作输出等。Verification 是用于确保实现与需求的一致性,在安全生命周期的几个阶段中都会用到。包括概念阶段、产品开发阶段、生成和运营阶段。在这主要描述在产品开发阶段的测试环节中需要用到的各种测试要求和建议。

1)测试计划

(1)在测试执行前,都需要建立测试计划,其主要包括以下几部分。

①测试范围:用于测试的产品内容;

②测试方法:用于测试的各种方法;

③测试标准:测试通过或失败的标准;

④测试环境:如果需要用到各种测试环境,如仿真环境等,需要进行说明;

⑤测试工具:用到的各种测试工具;

⑥出现异常后的对策;

⑦回归策略:在测试对象发生变更时,指定其如何进行回归测试,如全部回归、部分回归和其他测试案例一起回归等。

(2)测试计划的制订还需考虑到以下几个方面:

①测试方法的完整性;

②测试对象的复杂度;

③测试经验;

④测试技术的成熟性和风险。

2)测试规格

(1)测试规格需要选择和指定用于测试的方法,并包括测试案例、测试数据和测试对象。

(2)每个测试案例需要包括以下内容:

①序号:唯一的ID;

②测试对象的版本号;

③测试对象的条件和配置:针对测试对象的不同配置,需要选择合理的测试案例进行测试;

④测试环境;

⑤输入值和顺序;

⑥期望行为:报刊输出值、输出范围、功能表现等。

(3)测试案例需要根据测试方法来分类。针对每个测试方法,除了测试案例外,还需考虑以下几方面:

①测试环境;

②相关性;

③测试资源;

④测试执行和测试报告。

按照上述章节中制定的测试计划和测试规格,进行测试的执行。

3)测试报告

针对测试结果,其测试报告需包括以下几个方面:

(1)测试对象的ID;

(2)测试计划和测试规格的引用;

(3)测试环境、测试工具、标定数据;

(4)测试结果和期望值的符合度;

(5)测试通过或失败的结论,如果失败,还需要指明失败原因和修改建议;

(6)针对没有执行的测试案例,说明原因。

ISO 26262中涉及测试的阶段包括"硬件集成和测试""软件集成和测试""产品集成和测试"3部分。下面章节分别介绍这3部分的要求和建议。

2. 硬件集成和测试

ISO 26262 中的"Part5:Product Development:HardwareLevel"针对产品开发的硬件部分提出了专门的集成、测试要求和建议,以验证硬件设计符合适当 ASIL 等级的硬件安全要求。

(1)硬件集成和测试需要按照安全计划和验证要求来进行;

(2)硬件集成和测试需要按照产品集成和测试计划来进行;

(3)针对变更,需要按照标准规定中的变更管理来对测试策略进行影响分析;

(4)测试的设备可以按照国际标准(如 ISO 17025)或公司标准来进行标定;

(5)硬件集成测试的测试案例需要按照表 3-7 的方法进行设计;

(6)针对硬件安全需求,硬件集成和测试需要对其安全机制实现的完整性和正确性进行验证,其方法见表 3-8;

(7)硬件集成和测试需要按照表 3-9 的方法进行外部压力环境下的鲁棒性测试。

硬件集成测试案例的设计方法　　　　表 3-7

	方法	安全等级(ASIL)			
		A	B	C	D
1a	需求分析	++	++	++	++
1b	内外部接口分析	+	++	++	++
1c	等价类的分析和生成	+	+	++	++
1d	边界值分析	++	++	++	++
1e	基于知识或经验的错误推导	++	++	++	++
1f	功能依赖的分析	+	++	++	++
1g	一般限制条件以及一般原因的来源和顺序的分析	+	+	++	++
1h	环境和用途的分析	+	++	++	++
1i	ISO 16750、ISO 11452 等标准	+	+	+	+
1j	重要变种的分析(包括最差情况分析)	++	++	++	++

硬件安全机制完整性和正确性的测试方法　　　　表 3-8

	方法	安全等级(ASIL)			
		A	B	C	D
1	功能性测试	++	++	++	++
2	故障注入测试	+	+	++	++
3	电气测试	++	++	++	++

注:1. 功能测试的目标是验证相关项的具体特性是否已经达到。将充分表征预期正常操作的数据输入到相关项,把它们的响应与规范中给定的响应做比较。对于与规范不同的异常和规范不完整的迹象,应给予分析。

2. 故障注入测试的目标是在硬件产品中引入故障并分析其响应。当定义了安全机制时,故障注入测试总是适用的。尤其是当硬件产品级的故障注入测试很难进行时,比如由于需要辐照试验,安全机制对硬件内部(微控制器)的瞬时故障的响应很难在硬件产品级进行故障注入来体现时,也可采用基于模型的故障注入(如在门级网表级注入故障)。

3. 电气测试的目标是验证相关项在规定的电压范围内(静态的和动态的)符合硬件安全要求。

硬件级鲁棒性测试方法　　　　表 3-9

方法		安全等级(ASIL)			
		A	B	C	D
1	各种环境下的功能测试	+ +	+ +	+ +	+ +
2a	扩张功能测试	0	+	+	+ +
2b	统计测试	0	0	+	+ +
2c	最坏情况测试	0	0	0	+
2d	极限测试	+	+	+	+
3a	机械测试	+ +	+ +	+ +	+ +
3b	环境测试	+ +	+ +	+ +	+ +
3c	加速寿命测试	+	+	+ +	+ +
3d	机械耐久性测试	+ +	+ +	+ +	+ +
4	EMC 和 ESD 测试	+ +	+ +	+ +	+ +
5	化学测试	+ +	+ +	+ +	+ +

注:1. 在各种环境下的功能测试中,硬件安放于多种环境条件下需进行硬件要求评估。
　　2. 扩展功能测试检查相关项在极少发生(如极端性能值)或者硬件规范之外(如错误命令)的输入条件下的功能表现。在这些情况下,把观测到的硬件要素性能与特定要求进行比较。
　　3. 统计测试的目标是根据实际的运行条件概况的预期统计分布,选定输入数据对硬件要素进行检测。定义验收准则,以便测试结果的统计分布能证明所要求的失效率。
　　4. 最坏情况测试的目标是测试在最恶劣情况分析时发现的案例。在该测试中,调整环境条件至规范定义的最高允许余量值。硬件的相关反应被检验并与特定要求比较。
　　5. 极限测试中,把硬件要素置于环境或功能约束下,逐渐增加超过特定值直到硬件要素停止工作或者损坏。该测试的目的是确定要素在测试所要求性能时鲁棒性的余量。
　　6. 机械测试适用于机械特性,如抗拉强度。
　　7. 加速寿命测试的目标是通过将产品置于应力大于预期正常操作条件下,预测产品在使用寿命内,正常条件下产品的行为演化。加速测试是基于失效模式加速的分析模型。
　　8. 机械耐久性测试的目标是研究要素能经受得住的平均故障间隔期或者最大循环数。测试可以进行直到失效发生或者损毁评估时。
　　9. EMC 测试,适用 ISO 7637-2、ISO 7637-3、ISO 10605、ISO 11452-2 和 ISO 11452-4;ESD 测试,适用 ISO 16750-2。
　　10. 化学测试,适用 ISO 16750-5

3. 软件集成和测试

1) 软件单元测试

软件单元测试是在软件开发过程中要进行的最低级别的测试活动,软件的独立单元将在与程序的其他部分相隔离的情况下进行测试。ISO 26262 中规定了其相对应的要求和建议:

(1) 软件单元测试需按照"ISO 26262-8 第 9 条"的验证要求来有计划的定义和执行软件单元测试的对象是具体的软件实现单元,在基于模型的软件开发过程中,软件单元测试的对象是其单元模型。

(2)软件单元测试需要按照表3-10中列出的方法进行,以完成以下目标:
①检查是否符合软件单元设计的具体要求;
②检查是否符合软硬件接口要求;
③检查功能是否正确实现;
④检查是否有异常功能;
⑤检查软件实现的鲁棒性,如错误处理效率等;
⑥检查功能所需资源的完整性。

软件单元测试的方法　　　　　　　　　　　　　　　　　　表3-10

方法		安全等级(ASIL)			
		A	B	C	D
1a	基于需求的测试	++	++	++	++
1b	接口测试	++	++	++	++
1c	故障注入测试	+	+	+	++
1d	资源利用率测试	+	+	+	++
1e	模型和代码的比较测试	+	+	++	++

注:1. 单元层面的软件要求是基于需求测试的基础。
　　2. 包括任意故障注入(例如,通过破坏变量的值、通过引入编码突变,或通过破坏CPU寄存器的值)。
　　3. 仅当在目标硬件上执行软件单元测试或目标处理器的仿真器支持资源使用测试时,才能恰当评估资源使用测试的某些方面。
　　4. 此方法需要一种能模拟软件单元功能的模型。这里,模型和代码是以同样的方式进行触发,并将结果互相比较。

(3)软件单元测试中的测试案例需要按照表3-11中的方法进行分析设计。

软件单元测试案例的设计方法　　　　　　　　　　　　　　　　表3-11

方法		安全等级(ASIL)			
		A	B	C	D
1a	需求分析	++	++	++	++
1b	等价类划分	+	++	++	++
1c	边界值分析	+	++	++	++
1d	错误推测	+	+	+	+

注:1. 可基于划分输入输出来识别等价类,为每个等价类选择一个有代表性的测试值。
　　2. 边界值分析方法用于接口、接近边界的值、与边界交叉的值及超出范围的值。
　　3. 如果通过代码的打桩来进行测试覆盖度的衡量,必须保证打桩的代码和正常的代码执行功能是一致的。
　　4. 对于覆盖度衡量目标,都需要给出一个合理的要求来表示其不同的级别,对于无法覆盖的代码,可以通过检查等其他方法来进行验证。

（4）软件单元测试中,对于需求的覆盖度、代码的覆盖度都需要进行衡量,具体方法见表3-12。如果覆盖度不够,还需要增加其他测试案例。

软件单元测试覆盖度衡量指标　　　　表3-12

方法		安全等级（ASIL）			
		A	B	C	D
1a	语句覆盖度	++	++	+	+
1b	分支覆盖度	+	++	++	++
1c	MC/DC（修正条件/判定覆盖）	+	+	+	++

（5）软件单元测试需要尽可能在真实的目标环境中执行,如果利用其他环境,则需要评估其与真实环境的差异、源代码和目标代码的差异,分析设计测试案例,以便在接下来的测试阶段中得到执行。

①测试环境的不同,会导致源代码或目标代码的不一致,比如,不同处理器的位数不一样,会导致编译后的目标代码不一致。

②如果能利用目标环境中的相同处理器来运行软件单元测试案例,那是最有效的,但如果不行,则可以用处理器、模拟器来代替,否则,软件单元测试只能在开发系统中进行测试。

③软件单元测试可以在不同的环境中执行,如模型在环测试（MIL）、软件在环测试（SIL）、处理器在环测试（PIL）、硬件在环测试（HIL）等。

④在基于模型的开发系统中,软件单元测试可以在模型级别进行,但模型与代码的执行比较测试必须要做,以保证模型与自动生成代码的结果一致性。

2）软件集成和测试

软件集成和测试主要对实现的各软件模块进行集成,并验证其嵌入式软件实现是否符合软件架构设计。该阶段的要求和建议包括以下几方面。

（1）软件集成计划应该描述层次化的集成单个软件单元进入软件组件中,直到嵌入式软件完全集成,并且应该考虑如下：

①软件集成功能的相互关系；

②软件集成和软硬件集成的相互关系。

注意：对于基于模型的开发,可以先集成各模型,然后对集成好的模型进行自动代码生成以完成整体软件的集成。

（2）软件集成测试根据ISO 26262-8:2011,第9章计划,定义并且执行：软件集成测试的测试对象是软件组件。对于基于模型的开发,测试对象可以是和软件组件相关的模型。

（3）软件集成测试需要按照表3-13的方法进行,以完成以下目标：

①检查集成的软件是否和软件架构设计一致；

②检查集成的软件是否满足软硬件接口规格；

③验证功能的正确性；

④检查其鲁棒性,比如错误检测、错误处理机制的有效性；

⑤检查是否有足够的资源来支持。

软件集成测试方法　　　　　　　　　　　　　　　　　　　　　　　　　表 3-13

	方法	安全等级(ASIL)			
		A	B	C	D
1a	基于需求的测试	++	++	++	++
1b	接口测试	++	++	++	++
1c	故障注入测试	+	+	+	++
1d	资源利用率测试	+	+	+	+
1e	模型和代码的比较测试	+	+	++	++

注：1. 架构层面的软件要求是基于需求测试的基础；
2. 这里的故障注入测试包括注入任意故障以测试安全机制（例如，通过破坏软件和硬件组件）；
3. 资源使用测试中为了确保受具有足够误差的硬件架构设计影响的要求被完全满足，特性如平均和最大的处理器性能、最小和最大执行时间、存储使用情况（例如，堆栈使用的 RAM，程序和数据使用的 ROM）以及通信链路的带宽（如数据总线），必须得到确定；
4. 只有在目标硬件上执行软件集成测试或目标处理器的仿真器支持资源测试时，才能正确评估资源使用测试的某些方面；
5. 模型和代码的比较测试方法需要一个可以模拟软件组件功能的模型。在这里，通过相同的方式激励模型和代码，并比较彼此输出的结果。

（4）测试案例需要按照表 3-14 中的方法进行分析设计。

软件集成测试的测试案例的设计方法安全等级(ASIL)　　　　　　　　表 3-14

	方法	安全等级(ASIL)			
		A	B	C	D
1a	需求分析	++	++	++	++
1b	等价类划分	+	++	++	++
1c	边界值分析	+	++	++	++
1d	错误推测	+	+	+	+

注：1. 可基于划分输入输出来识别等价类，为每个等价类选择一个有代表性的测试值。
2. 边界值方法用于接口、接近边界的值、与边界交叉的值及超出范围的值。
3. 错误推测测试可基于经验学习和专家判断中收集的数据。

（5）对于软件架构级别的需求测试覆盖度，可以用来衡量测试的完整性，以及用于证明没有设计之外的功能实现。如果有需要，可以增加新的测试案例，或者提供一个合理的理由说明。

（6）为了评估测试案例的完整性，同时确保没有多余的功能，根据表 3-15 列出的指标需要衡量出其结构覆盖率。如果覆盖率不够高，要么需要添加额外的测试案例，或者提供一个合理的理由说明。例如，结构覆盖率的分析可以用于发现测试案例的不足、无用代码、无效代码或者多余功能等。

① 结构覆盖率可以利用工具计算出来。
② 如果是基于模型的开发，结构覆盖率可以通过模型级别的模型结构覆盖率来统一计算。

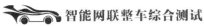

集成软件的结构覆盖率的衡量方法　　　　　　　　　　　　表 3-15

方法		安全等级(ASIL)			
		A	B	C	D
1a	功能覆盖率	+	+	+ +	+ +
1b	函数覆盖率	+	+	+ +	+ +

(7)作为产品发布的一部分,嵌入式软件需要被验证其包含设计的所有功能。如果嵌入式软件包含了设计之外的功能(如用于调试的代码),则这些功能需要被验证是不影响软件的安全需求的。如果这些设计之外的功能在真实产品中保证不会被激活执行,那也是符合这个要求的;否则删除这些功能,也需要按照需求变更流程来统一处理。

(8)软件集成测试需要尽可能地在真实环境中运行,如果不行,则需要评估测试环境与真实环境的差异性,并针对这些差异,在后续阶段的真实环境的测试中设计专门的案例来执行。

①测试环境的不同,会导致源代码或目标代码的不一致,比如,不同处理器的位数不一样,会导致编译后的目标代码不一致;

②针对各种测试,需要建立合适的测试环境。比如目标处理器的测试环境、仿真处理器的测试环境、开发测试环境等;

③软件集成测试可以利用模型在环测试(MIL)、软件在环测试(SIL)、处理器在环测试(PIL)、硬件在环测试(HIL)等测试手段进行测试。

3)软件安全需求验证

本阶段的目标是验证嵌入式软件符合软件安全需求,其所规定的要求和建议如下:

(1)需要制订计划,定义和执行软件安全需求的验证。

(2)为了验证嵌入式软件实现了软件安全需求,表 3-16 列出了所需的测试环境。注意:已有的测试案例,例如在软件集成测试阶段使用的可以重用。

(3)对于软件安全需求实现的测试需要在目标硬件平台上完成。

(4)软件安全需求验证的结果需要考虑下面这些因素来评估:

①和预期结果一致;

②软件安全需求的覆盖率;

③成功或失败的标准。

验证软件安全需求的测试环境　　　　　　　　　　　　表 3-16

方法		安全等级(ASIL)			
		A	B	C	D
1a	硬件在环测试环境	+	+	+ +	+ +
1b	ECU 网络环境	+ +	+ +	+ +	+ +
1c	真实车辆	+ +	+ +	+ +	+ +

注:ECU 网络环境实例包括集成了部分或全部车辆电气系统的测试台架、试验样车或骡子车❶,以及部分总线仿真。

---

❶　是指在项目启动初期利用现有生产车辆,通过改装等方式安装新的动力总成,主要用于在项目早期支持动力总成初始验证和标定工作。

4）产品集成和测试

集成和测试阶段包含3个阶段：

（1）第一个阶段是产品包含的每个元素的硬件和软件的集成，即软硬件集成；

（2）第二个阶段是组成一个产品的所有元素的集成来形成一个完整的系统，称为系统集成；

（3）第三个阶段是和车辆内其他系统的产品以及车辆自身的集成，即车辆集成。

集成和测试阶段实现两个主要的目标：

（1）集成阶段的第一个目标是按照它的需求和ASIL等级，测试对安全需求的符合性；

（2）第二个目标是为了验证，是否正确实现了针对安全需求的"系统设计"。该阶段的要求和建议如下所述。

①为了验证系统设计符合功能和技术安全需求，集成测试活动应按照ISO 26262-8：2011中的验证方法来执行。以下的测试目标在下面几个表中一一列出：

a. 功能安全和技术安全需求的正确实现；

b. 正确功能的性能，安全机制的准确性和时间性能；

c. 接口的一致性以及实现的正确性；

d. 安全机制的诊断或者错误覆盖的有效性；

e. 鲁棒性等级。

②根据系统设计规范、功能安全概念、技术安全概念以及集成测试计划，需要制定一个集成和测试的机制，并提供证据证明达成所有的测试目标。集成和测试的机制需要覆盖所有电子电气部件以及与安全概念相关的其他所有技术。集成通常分为软硬件级、系统级和车辆级这3个级别。

③系统集成。

a. 针对软硬件的集成测试规范，定义产品的集成和测试的计划。该阶段需重点考虑软硬件的接口问题。

b. 针对系统级和车辆级的集成测试规范，定义产品的集成和测试计划。在软硬件级验证发现的遗留问题，需要在本阶段进行解决。

c. 系统级和车辆级的集成和测试计划，应该考虑车辆子系统之间的接口和外部环境。部分充分的典型工况和极限工况下的车辆环境应该用于执行测试。

注意：当制定整车层面相关项集成与测试计划时，可考虑车辆在典型和极端车辆状况和环境条件下的正确行为，但应组成一个充分的子集；在软硬件集成层面和相关项层面上进行的集成与测试计划，要考虑软硬件间的接口及其交互。

④在系统可以被标定或配置成多种产品系列时，系统级和车辆级需要针对每种配置的产品进行测试以验证其是否符合功能安全需求。如果所有配置的测试有难度，可以考虑选择部分测试。

⑤所有的测试设备需要在质量监控体系中管理。

⑥在任意一个完整的集成阶段，每个功能和技术安全都需要至少被测试验证（被测试为可用）一次。

a. 在各级定义的功能安全需求，通常在更高一级的集成测试中得到验证。

b. 在集成测试中识别的安全异常,应按规范"ISO 26262-25.4.2 章节"给出相应的报告。

⑦集成测试案例的设计方法见表 3-17。

集成测试案例设计方法　　　　　　　　　　　　　表 3-17

方法		安全等级(ASIL)			
		A	B	C	D
1a	需求分析	++	++	++	++
1b	内外部接口分析	+	++	++	++
1c	软硬件集成的等价类划分	+	+	++	++
1d	边界值分析	+	+	++	++
1e	基于知识或经验的错误推导	+	+	++	++
1f	功能依赖的分析	+	+	++	++
1g	常用限制条件、流程以及相关错误原因的分析	+	+	++	++
1h	环境、操作案例的分析	+	++	++	++
1i	现场经验的分析	+	++	++	++

5)软硬件集成和测试

(1)软硬件集成。

①符合 ISO 26262-5 开发的硬件和符合 ISO 26262-6 开发的软件集成在一起,并用于下列测试活动中。

②软硬件接口需求应以合适的覆盖率被测试,以符合 ASIL 要求,或者能给出理由证明软硬件接口不会出现问题。这个要求适用于 ASIL C 和 ASIL D。测试中将优先考虑产品本身的硬件和软件,但针对一些特定的测试技术,会采用一些修改后的硬件和软件进行测试。

(2)软硬件级的测试目标和方法。

①在软硬件集成时,应采用合适的方法来检查设计层面的系统错误,具体见以下条目和对应表格描述。根据其实现的功能、复杂度、系统分布式的类型,测试方法可以有效地应用于其他级别的集成和测试。

②软硬件级别的技术安全需求的实现,应按照表 3-18 中的方法进行验证。

软硬件集成测试的方法　　　　　　　　　　　　　表 3-18

方法		安全等级(ASIL)			
		A	B	C	D
1a	基于需求的测试	++	++	++	++
1b	故障注入测试	+	++	++	++
1c	Back-to-back 测试	+	+	++	++

注:1. 基于需求的测试用于验证功能和非功能需求。

2. 故障注入测试使用特殊的方法在运行时将故障注入被测对象。这可以在软件内通过一种特殊的测试接口或借助特殊的硬件来完成。这种方法经常被用来提升安全需求的测试覆盖率,因为在整车情况下,不会触发安全机制。

3. Back-to-back 测试是指在相同外部激励的情况下,比较真实被测对象和仿真模型的执行情况,用于检查模型和其实现之间的不一致性(表 3-18)。

③软硬件级的正确功能、性能、安全机制的准确性和及时性应按照表3-19中的方法进行测试验证。

软硬件级别的正确功能、性能、安全机制的准确性和及时性的测试方法　　　　表3-19

方法		安全等级（ASIL）			
		A	B	C	D
1a	Back-to-back 测试	+	+	++	++
1b	性能测试	+	++	++	++

注：性能测试可验证在整个测试对象环境中的性能（如任务调度、时序、功率输出），也可验证目标控制软件与硬件同时运行的能力。

④外部和内部接口的一致性和正确实现，在硬件-软件层次上应使用表3-20给出的可行测试方法来论证。表3-20中的接口测试包括模拟和数字输入输出测试、边界测试、等价类测试，这些方法用于测试被测对象的接口、容量、延时性和其他评价指标。ECU的内部接口可以通过静态测试方法来验证；对于ECU之间的接口，可以通过串口外设接口（SPI）、通信等方式来进行动态测试。

软硬件级的内外部接口一致性和实现的正确性的测试方法　　　　表3-20

方法		安全等级（ASIL）			
		A	B	C	D
1a	外部接口的测试	+	++	++	++
1b	内部接口的测试	+	++	++	++
1c	接口一致性检查	+	++	++	++

注：测试对象的接口测试包括模拟和数字输入输出的测试、边界测试和等价类测试，用来完整地测试被测对象的特定接口、兼容性、时序及其他特定等级。ECU内部接口的测试，可以用静态测试检测软件和硬件的兼容性，也可用动态测试检测串行外设接口（SPI）或集成电路（IC）通信或ECU其他要素间的任意接口。

⑤针对硬件错误检查机制，其诊断覆盖率的有效性，可以通过表3-21的方法进行测试。

针对硬件错误检查机制的诊断覆盖率的有效性测试方法　　　　表3-21

方法		安全等级（ASIL）			
		A	B	C	D
1a	故障注入测试	+	+	++	++
1b	错误推导测试	+	+	++	++

注：1. 故障注入测试使用特殊的方法在运行时将故障注入被测对象。这可以在软件内通过一种特殊的测试接口或借助特殊的硬件来完成。这种方法经常被用来提升安全需求的测试覆盖率，因为在整车情况下，不会触发安全机制。

2. 错误推导测试是通过预测被测对象中的错误，设计测试案例，从而对这些错误进行检查。如果测试者有足够的经验和知识，错误推导测试将是非常有效的方法。

⑥可以按照表3-22中的方法测试软硬件级别中各对象的鲁棒性。

软硬件层的对象鲁棒性测试方法   表 3-22

方法		安全等级(ASIL)			
		A	B	C	D
1a	资源占有率测试	+	+	+	++
1b	压力测试	+	+	+	++

注:1. 资源占有率测试可以静态(比如,通过检查代码大小,或者分析关于中断使用的代码,为了验证最坏的情况下不会用尽资源)完成,也可以通过运行时监控动态完成。
2. 压力测试可以在很高的操作负载、很强环境要求下进行被测对象正确功能的验证,如很强的负载、异常总线负载、异常电击、异常温度、机械冲击等情况下的测试。

6)系统集成和测试

(1)系统集成中的各组成部分按照系统设计进行集成,并按照其系统测试案例、ISO 26262-5 和 ISO 26262-6 中的系统集成测试案例进行测试验证。测试的目的是验证系统各组成部分能否正确地进行交互,并满足功能安全需求和技术安全需求。

(2)系统级的测试目标和测试方法。

①为了验证系统集成的正确性,将按照下文中的条目要求进行测试。根据其实现的功能、复杂度、系统分布式的类型,测试方法可以有效应用于其他级别的集成和测试。

②按照表 3-23 可以验证系统级别的功能和技术要求的实现正确性。

验证系统级的功能和技术要求正确实现的测试方法   表 3-23

方法		安全等级(ASIL)			
		A	B	C	D
1a	基于需求的测试	++	++	++	++
1b	故障注入测试	+	+	++	++
1c	Back-to-back 测试	0	+	+	++

注:1. 基于需求的测试用于验证功能和非功能需求。
2. 故障注入测试使用特殊的方法在运行时将故障注入被测对象。这可以在软件内通过一种特殊的测试接口或借助特殊的硬件来完成。这种方法经常被用来提升安全需求的测试覆盖率,因为在整车情况下,不会触发安全机制。
3. Back-to-back 测试是指在相同外部激励的情况下比较真实被测对象和仿真模型的执行情况,用于检查模型和其实现之间的不一致性。

③系统级的正确功能、性能、安全机制的准确性和及时性应按照表 3-24 的方法进行测试验证。

系统级别的正确功能、性能、安全机制的准确性和及时性测试方法   表 3-24

方法		安全等级(ASIL)			
		A	B	C	D
1a	Back-to-back 测试	0	+	+	++
1b	性能测试	0	+	+	++

注:1. Back-to-back 测试对比测试对象和仿真模型对相同激励的反应,以发现模型和其实施的行为差异。
2. 性能测试可验证相关系统安全机制的性能(如执行器速度或强度、整个系统的响应时间)。

④系统级别的外部和内部接口的一致性和正确实现应使用表 3-25 给出的可行测试方法来论证。

系统级接口一致性和实现正确性的测试方法　　　　表 3-25

方法		安全等级（ASIL）			
		A	B	C	D
1a	外部接口的测试	+	+ +	+ +	+ +
1b	内部接口的测试	+	+ +	+ +	+ +
1c	接口一致性检查	0	+	+ +	+ +
1d	交互/通信的测试	+ +	+ +	+ +	+ +

注：1. 接口测试包括模拟和数字输入输出测试、边界测试、等价类测试，这些方法用于测试被测对象的接口、容量、延时性和其他评价指标。系统的内部接口可以通过静态测试方法（如接插件的一致性）来验证；对于系统组成之间的接口，可以通过通信等方式来进行动态测试。

2. 交互/通信测试针对功能和非功能需求，测试其系统组成部分之间交互/通信、被测系统和其他车辆系统之间交互/通信。

⑤针对安全机制，其诊断覆盖率的有效性，可以通过表 3-26 中的方法进行测试。

针对安全机制诊断覆盖率的有效性测试方法　　　　表 3-26

方法		安全等级（ASIL）			
		A	B	C	D
1a	故障注入测试	+	+	+ +	+ +
1b	错误推导测试	+	+	+ +	+ +
1c	领域经验产生的测试	0	+	+ +	+ +

注：1. 故障注入测试使用特殊的方法。在运行时将故障注入被测对象。这可以在软件内通过一种特殊的测试接口或借助特殊的硬件来完成。这种方法经常被用来提升安全需求的测试覆盖率，因为在整车情况下，不会触发安全机制。

2. 错误推导测试是通过预测被测对象中的错误，设计测试案例，来对这些错误进行检查。如果测试者有足够的经验和知识，错误推导测试将是非常有效的方法。

⑥可以按照表 3-27 中的方法测试系统级的鲁棒性。

系统级鲁棒性测试方法　　　　表 3-27

方法		安全等级（ASIL）			
		A	B	C	D
1a	资源占有率测试	0	+	+ +	+ +
1b	压力测试	0	+	+ +	+ +
1c	特定环境条件下的抗干扰能力和鲁棒性的测试	+ +	+ +	+ +	+ +

注：1. 系统级的资源占有率测试一般都是在动态环境（如实验室台架）下测试的，主要指标有能源消耗和总线负载。

2. 压力测试可以在很高的操作负载、很强环境要求下进行被测对象正确功能的验证，如很强的负载、异常总线负载、异常电击、异常温度、机械冲击等情况下。

3. 特定环境条件下的抗干扰能力和鲁棒性的测试，包含 EMC 和 ESD 测试。

7) 车辆集成和测试

(1) 车辆集成。

①对车辆各部件进行有效的集成和测试。

②通过车内通信网络和供电网络的测试来验证各部件的接口。

(2) 车辆集成的测试目标和测试方法。

①为了验证车辆集成的正确性,将按照下文中的条目要求进行测试。根据其实现的功能、复杂度、系统分布式的类型,测试方法可以有效应用于其他级别的集成和测试。

②按照表3-28可以验证集成车辆的功能和技术要求的实现正确性。

车辆的功能和技术要求的实现正确性测试方法　　　　表3-28

	方法	安全等级(ASIL)			
		A	B	C	D
1a	基于需求的测试	++	++	++	++
1b	故障注入测试	++	++	++	++
1c	长时间测试	++	++	++	++
1d	路试	++	++	++	++

注:1. 基于需求的测试用于验证功能和非功能需求。

2. 故障注入测试使用特殊的方法在运行时将故障注入被测对象。这可以在软件内通过一种特殊的测试接口或借助特殊的硬件来完成。这种方法经常被用来提升安全需求的测试覆盖率,因为在整车情况下,不会触发安全机制。

3. 长时间测试和路试是利用大量的真实生活环境下的用车操作实例进行测试。这些测试必须在测试者的安全保证下进行。

③车辆的正确功能、性能、安全机制的准确性和及时性应按照表3-29中的方法进行测试验证。

车辆的性能测试方法　　　　表3-29

	方法	安全等级(ASIL)			
		A	B	C	D
1a	性能测试	+	+	++	++
1b	长时间测试	+	+	++	++
1c	现场生活条件的路试	+	+	++	++

注:1. 性能测试可以验证相关项的安全机制和性能(例如,故障出现时的容错时间区间和车辆的可控性)。

2. 长时间测试和现实生活条件下的路试,类似于来自现场经验的测试,但使用更大的样本量,将普通用户当作测试者,并不局限于之前规定的测试场景,而是在日常生活现实条件下执行。为确保测试人员的安全,如果有必要,这类测试会有限制,例如,带有额外的安全措施或者非失能(停用、禁用)的执行器。

④车辆的外部和内部接口的一致性和正确实现应使用表3-30给出的可行测试方法来论证。

模块三　智能网联汽车功能安全测评技术

车辆的接口一致性和实现正确性的测试方法　　　　　　表3-30

方法		安全等级（ASIL）			
		A	B	C	D
a	外部接口的测试	+	++	++	++
b	交互/通信的测试	++	++	++	++

注：1. 车辆的外部接口测试，是用于验证车辆系统的接口能力。该测试可以静态进行，也可以在车辆行驶中动态进行。
2. 交互/通信测试按照功能和非功能需求，对运行的车辆之间进行通信的测试。

⑤针对安全机制，其诊断覆盖率的有效性，可以按照表3-31中的方法进行测试。

针对安全机制诊断覆盖率的有效性测试方法　　　　　　表3-31

方法		安全等级（ASIL）			
		A	B	C	D
1a	故障注入测试	+	+	++	++
1b	错误推导测试	+	+	++	++
1c	现场经验产生的测试	0	+	++	++

注：1. 故障注入测试使用特殊的方法，在运行时将故障注入被测对象。这可以在软件内通过一种特殊的测试接口或借助特殊的硬件来完成。这种方法经常被用来提升安全需求的测试覆盖率，因为在整车情况下，不会触发安全机制。
2. 错误推导测试是通过预测被测对象中的错误，设计测试案例，从而对这些错误进行检查。如果测试者有足够的经验和知识，错误推导测试将是非常有效的方法。
3. 现场经验产生的测试是指按照现场经验和数据来进行测试，如果发现错误的车辆行为和新的操作情形，则需要进行分析，以便设计新的测试案例来覆盖这些情况。

⑥可以按照表3-32的方法测试车辆的鲁棒性。

车辆级鲁棒性测试方法　　　　　　表3-32

方法		安全等级（ASIL）			
		A	B	C	D
1a	资源占有率测试	0	+	++	++
1b	压力测试	0	+	++	++
1c	特定环境条件下的抗干扰能力和鲁棒性测试	0	+	++	++
1d	长时间测试	0	+	++	++

注：1. 系统级的资源占有率测试一般都是在动态环境（如实验室台架）下测试的，主要指标有内部资源、能源消耗、其他车辆系统的有限资源。
2. 压力测试可以在很高的操作负载、很强环境要求下进行被测对象正确功能的验证。比如很强的负载、异常总线负载、异常电击、异常温度、机械冲击等情况下。
3. 特定环境条件下的抗干扰能力和鲁棒性的测试，包含 EMC 和 ESD 测试。
4. 长时间测试和路试是挑选正常的用户在日常的生活环境中来做测试。

技能实训

某款智能辅助制动系统的功能安全测试

(1)测试对象:配备某款智能辅助制动系统的车辆一辆。

(2)测评内容及过程:

①拟定测试计划。

a.测试对象的复杂度分析。

b.测试范围。

c.测试方法。

d.测试标准。

e.测试环境。

f.测试工具。

g.出现异常后的对策。

h.回归策略。

②根据测试对象和学校测试环境,确定测试规格。

a.序号(产品唯一的ID)。

b.测试对象的版本号。

c.测试对象的条件和配置。

d.测试环境。

e.输入值和顺序。

f.期望行为。

(3)编写测评报告。

思考与练习

一、判断题

1. ISO 26262 对关键的安全级别进行了四层划分,通过汽车安全完整性等级(ASIL)来衡量,其中 ASIL D 是最低等级。（   ）
2. 软件单元测试是在软件开发过程中要进行的最高级别的测试活动,软件的独立单元将在与程序的其他部分相隔离的情况下进行测试。（   ）
3. 软件开发的启动是计划活动,其中软件开发子阶段及其支持过程是根据项目发展的程度和复杂性决定和计划。（   ）
4. 在危险分析和风险评估中,要考虑驾驶人和处于危险中的其他人可以采取措施来控制危险情况的能力。（   ）

二、选择题

1. 汽车安全生命周期包括(   )。
   A. 管理、开发、生产、运行、维护、停用
   B. 设计、开发、生产、运行、维护、管理
   C. 设计、开发、生产、运行、维护、停用
   D. 研发、管理、生产、运行、维护、停用
2. 现有产品升级改造,要做一个产品和使用环境的分析,以制定出预期更改,并评估这些更改产生的影响,其中对项目的更改包括(   )。
   A. 硬件更改和软件更改
   B. 设计更改和执行更改
   C. 目标更改和需求更改
   D. 规格更改和性能更改
3. 在硬件架构设计时,为了避免高复杂性产生的故障,硬件体系架构设计需具有以下特征(   )。
   A. 模块化
   B. 粒度适当
   C. 简易性
   D. 完整性
4. ISO 26262 要求适用于安全目标 ASIL(B,C,D),每一个安全相关的硬件部件或零件,在确定的安全目标下,安全分析应考虑以下因素:(   )。
   A. 安全故障
   B. 单点故障
   C. 残留故障
   D. 多点故障
5. 软件安全需求规范拟定的要求和建议中对软件安全要求和细化的软硬件接口要求应按照 ISO 26262-8:2011 第 6、9 条,进行验证内容有(   )。
   A. 可靠性功能测试
   B. 与技术安全要求的合规和一致性
   C. 符合系统设计
   D. 与软硬件接口一致

三、简答题

1. 简述功能安全的概念。
2. 简述安全等级评判的 3 个决定因素,并说出各因素的含义。
3. 简述风险分析的流程。

模块四 智能网联汽车信息安全测试评估技术

📦 学习目标

▶ **知识目标**

1. 描述智能网联汽车信息安全的发展现状;
2. 列举传统信息安全测评技术存在的问题;
3. 论证智能网联汽车信息测评的目的与意义。

▶ **技能目标**

1. 掌握并运用智能网联汽车信息安全的法规体系;
2. 掌握传统信息安全测评技术;
3. 依据安全测试原则和相关标准拟定某款智能网联汽车涉及信息安全的物理安全测评指标。

▶ **素养目标**

1. 通过对智能网联汽车信息安全的发展现状的系统学习,培养学生的职业规划能力,并强化标准规范意识;
2. 通过对传统信息安全测评技术的内容及原则的学习,让学生具备信息安全意识,同时培养其遵规守纪的基本职业素养;
3. 通过智能网联汽车信息安全测评技术的学习,培养学生终身学习的习惯,养成谦虚严谨的工作作风。

⚙ 建议课时

6 课时。

一 智能网联汽车信息安全发展与现状

随着汽车产业与信息通信技术深度融合,汽车产品加快向智能化和网联化方向发展,在满足交通出行的基础上,汽车转变为大型移动智能终端、储能单元和数字空间(图 4-1)。在这一发展过程中,涉及多个系统的海量信息传输,一旦发生安全事故将对财产安全、人身安全甚至国家安全造成严重的影响。同时频繁的汽车信息安全召回事件引起了业界的广泛关注,例如宝马汽车 Connected Drive 服务安全功能存在严重漏洞造成了大规模远程修复,JEEP汽车被远程破解而导致 140 万辆汽车被召回等重大事件。信息安全问题成为汽车产业转型升级发展的重中之重,实现汽车的信息安全才能保障智能网联汽车健康发展。也就是说,伴随着现代汽车的智能化及互联化,汽车潜在危险系数也随之增高。现代汽车安全不再仅仅处于碰撞测试、硬件上的主/被动安全防护措施阶段,汽车网络信息安全成为汽车安全的新战场。

图 4-1　智能网联汽车的信息交互

2015 年 5 月,工业和信息化部发布了《中国制造 2025》,明确提出,到 2025 年我国要掌握自动驾驶的总体技术及各项关键技术,要建立起比较完善的智能网联汽车的自主研发体系、生产配套体系以及产业群,要基本完成汽车产业的转型升级。然而,要实现这一目标,同样首先要突破第一大壁垒——安全,而信息安全是其中非常重要的一环。随着智能汽车和车联网技术的发展,汽车电控系统越来越多,汽车将不再是一个孤立的单元,更像是可移动的智能网络终端。以车内网、车际网和车云网为基础,按照约定的通信协议和数据交换标准,在各终端之间进行无线通信和信息交换,构建智能交通管理、智能动态信息服务和车辆智能化控制的互联体系。互联体系在给人们带来舒适、便利、高效的同时,也带来越来越严重的信息安全隐患。智能网联汽车逐渐成为行驶在道路上的"超级计算机",其中存储海量的数据,提供高效智能服务的同时也存在各种安全漏洞,如同工业设备上的黑客入侵和病毒,使智能网联下的汽车面临非法入侵及攻击的风险。

自 2018 年以来,黑客已经成功地利用信息篡改、病毒入侵和其他手段对智能汽车进行网络攻击。智能汽车的信息安全问题成为网络安全的重要组成部分,例如可接入汽车控制端的移动终端 App、复杂的多传感器融合车内网络系统、电子控制单元(Electronic Control Unit,ECU)代码与软件漏洞都有可能成为新的攻击向量。智能汽车的信息安全不仅构成企业的经济损失和个人隐私的泄漏,而且还可能对人身安全造成严重后果,甚至引起威胁国家的公共安全问题。

信息安全指保护、维持信息的保密性、完整性和可用性,也包括真实性、可核查性、抗抵赖性、可靠性等。一方面,国内外的汽车企业和相关研究机构从技术层面和产品层面投入了大量精力,提高汽车信息安全水平;另一方面,我国相关部门和汽车行业组织都在致力于测试评价体系和汽车信息标准政策的研究,规范化引导汽车行业信息安全健康发展。

（一）智能网联汽车信息安全风险及其来源

智能网联汽车信息安全具体而言，其安全风险主要来源于车辆本身、路侧单元、云平台、网络传输过程以及链接设备等。

（1）车辆安全问题。对于当前智能网联汽车而言，车辆本身存在的信息安全问题主要体现在应用系统与密钥安全两方面。其中，系统安全问题可总结为软件系统与硬件系统两部分，近年来随着我国汽车智能软件的发展，各种应用软件陆续上线并应在方便广大用户的同时，也对安全问题提出了更高的要求，例如，当前大部分主机厂将软件安装包设置为开放性下载，那么在这种情况下下载过程中就容易受到黑客的攻击，导致信息泄露甚至系统瘫痪。从硬件系统的角度来看，一旦硬件系统受到安全侵袭，那么在汽车通过设定系统进行自动驾驶时，就可能通过伪造障碍物、干扰毫米波雷达判断等干扰车辆安全行驶，或控制超声波设备发送与汽车相同周期和频率的超声波，干扰汽车等，继而影响汽车行驶安全。在密钥方面，智能网联汽车一般都是通过数据加密的手段对各种数据信息进行保护，因此，如果密钥泄露，那么所谓的加密数据也就毫无安全性可言，造成信息安全风险问题。

（2）路侧单元安全问题。随着我们交通强国战略的实施，以路侧单元为支撑的车路协同技术路线越来越多地受到地方政府和科技公司的青睐，路端基础设施如摄像头、微波检测器、气象站、智能红绿灯、电子路牌等，感知交通运行状态和路面条件，具备更多维度，路况信息更新更及时，路侧单元的边缘计算模块使分析结果更加精确，可提供更完备的周边环境信息和更精确的定位，可以帮助车辆预先感知路面复杂信息。享受便利的同时，这些固定安装在道路上/边的信息端一旦受到攻击，将影响到整个协同网络体系的安全。

（3）云平台安全问题。对于智能网联汽车系统而言，云平台是其中不可获取的重要内容，通过云平台能够为汽车进行远程控制、远程故障诊断并提供各种其他类型的远程服务。云平台方面的信息安全来自多个部分，例如平台运行的物理环境、应用程序、数据库以及接口等，其可能面临的信息安全风险也比较多样化，因此需要同时落实数据安全防护、病毒防护以及用户访问控制防护等，特别是在隐私数据方面，一定要做好安全防护处理。

（4）网络传输安全问题。智能网联汽车网络传输安全风险主要表现在三方面，一方面是认证风险，也就是凭借身份伪造、动态劫持等途径对用户身份进行冒充；另一方面是传输风险，传输信息在未加密及加密保护等级不足的条件下极易受到恶意攻击；最后是协议风险，在通信过程中将一种协议伪装为另一种，如协议链路层的通信未加密，可以通过抓取链路层标识实现具体车辆的定位，进行跟踪。

（5）链接设备安全问题。随着智能网联汽车服务功能的丰富以及汽车数量的增多，各种应用 App 以及充电桩等相关生态组件的接入也给汽车信息安全带来了一定隐患。用户在进行相关链接设备的安装过程中可能产生外部病毒入侵的问题。首先，便携设备掺杂了很多山寨产品以及恶意代码应用程序等，这类外部链接设备信息安全防护能力较差。其次，新能源汽车充电桩的使用存在安全问题，这部分设备内部防护欠缺，在使用时可能通过互联网直接侵入桩联网,出现恶意篡改充电金额等问题,同时还可能在支付环节进行恶意吸费。再次,后装产品的安全问题,当前部分汽车后装车载自动诊断系统(On Board Diagnostics,OBD)盒子等设备在汽车信息安全工作方面防护等级不够,导致汽车及用户信息泄露,给用户带来极大的安全隐患。

(二)智能网联汽车信息安全法规体系

我国长期重视信息安全领域发展,截至目前已出台了一系列法律法规进行规范引导,包括《中华人民共和国网络安全法》《中华人民共和国计算机信息系统安全保护条例》《中华人民共和国电子签名法》等。由于目前尚未出台专门的智能网联汽车信息安全法律法规,相关要求散见于多部法律法规中,但总体上实现了对终端安全、网络安全、云平台安全、信息数据安全等方面的管理覆盖,如图4-2所示。

图 4-2 信息安全相关的法律法规

(1)在终端安全环节,我国对网络关键设备及网络安全专用产品实施安全认证/检测制度。符合安全标准的产品设备是保障信息安全的基础,为此我国在《中华人民共和国网络安全法》第二十三条中提出网络关键设备和网络安全专用产品应当按照国家相关标准的强制性要求,由具备资格的机构认证或检测符合要求后,方可销售或者提供。此外,国家互联网信息办公室与工信部、公安部、认监委制定和发布了《网络关键设备和网络安全专用产品目录》,加强了网络关键设备和网络安全专用产品安全管理,推动安全认证和安全检测结果互认,避免重复认证与检测。

(2)在网络安全环节,《中华人民共和国网络安全法》规定我国全面实施网络安全等级保护制度,《信息安全技术 网络安全等级保护实施指南》(GB/T 25058—2019)中明确了对等级保护对象实施网络安全等级保护的过程。同时,由于网络运营者事实上能够掌握网络运行过程中的大量关键信息数据,是数据信息传递和安全保障的关键角色。

(3)在云平台安全环节,我国全面开展信息系统安全等级保护工作。《中华人民共和国计算机信息系统安全保护条例》规定,我国对计算机信息系统实行安全等级保护,《信息安全等级保护管理办法》则将信息系统的安全保护分为5个等级。由于云平台服务器受到破坏后,会对国家安全、社会秩序和公共利益造成严重损害,属于第三级或更高级,其运营、使用单位依据国家管理规范和技术标准进行保护。

(4)在信息数据安全环节,全国人大、工信部等管理部门相继出台多部法律法规持续加强对个人信息及重要数据的管理。全国人大颁布了《中华人民共和国网络安全法》,明确网络运营者应当对收集的用户信息严格保密,并建立健全用户信息保护制度;关键信息基础设施运营者在我国境内运营中收集和产生的个人信息和重要数据应当在境内存储。国务院也出台了《中华人民共和国计算机信息系统安全保护条例》,明确要求公安部负责针对计算机病毒及危害社会公共安全的其他有害数据开展防治研究工作。

(三)智能网联汽车信息安全标准现状

我国相关部门在"国民经济和社会发展第十二个五年规划"中已将汽车信息安全作为关键基础问题进行研究。2017年6月正式施行的《中华人民共和国网络安全法》,要求智能网联汽车制造厂商、车联网运营商"采取技术措施和其他必要措施,保障网络安全、稳定运行,有效应对网络安全事件,防范网络违法犯罪活动,维护网络数据的完整性、保密性和可用性。"2017年12月,工业和信息化部、国家标准化管理委员会联合发布了《国家车联网产业标准体系建设指南》,确定了包括信息安全方面的通用规范类标准的智能网联汽车的标准体系,并积极推进标准的制定。

国外,欧盟、美国、日本等国也在积极资助并开展智能汽车的信息安全研究项目。自2008年,欧盟针对汽车硬件安全、车辆通信以及V2X系统安全等问题开展了EVITA、OVERSEE、PRESERVE等项目,提出一系列的解决方案和技术规范;2013年,日本信息处理推进机构(IPA)定义了一种汽车信息安全模型"IPA Car",进行汽车生命周期内的信息安全对策研究;2016年1月,美国机动车工程师学会(SAE)推出汽车信息安全指南J3061,同年10月,美国NHTSA发布了《现代汽车信息安全最佳实践》,为汽车产业提供参考和建议;英国交通部于2017年8月发布了《联网与自动驾驶汽车网络安全主要原则》,要求汽车行业的所有参与者必须携手确保汽车设计阶段以及上路后数年的汽车安全问题;国际标准组织ISO/TC22道路车辆技术委员会下设的ISO/TC22/SC32/WG 11联合工作组正在制定第一个关于汽车信息安全的国际标准ISO/SAE21434。据此目前国内外关于网联汽车信息安全问题的研究可以概括为3个方面:网联汽车信息安全标准及框架的研究、网联汽车安全漏洞的研究工作和网联汽车安全防护技术的研究。

智能网联汽车信息安全是影响汽车行业发展以及国家社会安全的重要因素之一,随着行业以及各国政府不断提高对汽车信息安全问题的重视、随着法律法规及行业标准的不断完善,未来该问题将得以有效控制并解决。

(四)智能网联汽车信息安全案例

智能网联汽车继承了典型物联网的基础架构,即"端管云"三层。如果要实现智能网联汽车的安全运行,也必须从这个体系架构出发实现安全保障。智能网联汽车系统中的"端管云"分别指:包括车载信息娱乐系统、TBOX等联网的电子控制单元的车辆系统终端;为终端用户提供云端服务的综合系统;连接从云到端的通信信道即称为"管",如电信运营商就是智能管道的提供商。而智能网联汽车系统面临的威胁类型也可以根据其基本结构划分为云端服务器攻击、通信信道攻击和车载终端攻击。如图4-3所示。

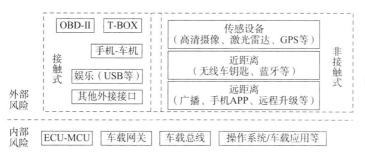

图 4-3 汽车信息安全风险

1. 智能网联汽车系统云端威胁及案例

车联网的云系统主要用于终端的接入、车辆的运行状态管理、车辆收费管理、交通信息管理、应用程序的发布以及数据存储、大数据分析与处理等,为驾驶人提供导航、路况信息、停车管理、远程升级等云服务。

由于目前大部分的车联网数据都使用分布式技术存储于管控中心的云平台,因此,云平台服务器面临着云端数据丢失、被窃和非法利用等数据安全威胁,而云平台本身的身份认证安全也不容忽视。

2018年就发生了多起云平台安全漏洞事件,对汽车企业、共享汽车平台以及用户隐私信息造成了恶劣影响。2018年1月,澳大利亚汽车共享服务提供商 GoGet 的数据服务器受到了黑客的攻击从而造成注册客户的个人资料以及账户信息等隐私数据泄露;2018年7月初,来自 Up Guard 安全团队的研究员在网上发现了汽车供应商 Level One 的不安全数据库,数据库包括将近47000份文件,涵盖汽车制造厂商近10年的详细蓝图、工厂原理图、客户材料(如合同、发票、工作计划等),以及各种保密协议文件,甚至连员工的驾驶证和护照扫描件等隐私信息也包含在内。

服务器供应商 Level One 备份服务的认证机制存在漏洞,从而造成包括大众、特斯拉、丰田、福特、通用、菲亚特、克莱斯勒等百余家汽车厂商的大量机密文件被曝光,数据泄露以及机密文件被窃取,不仅给用户带来隐私安全隐患,同时也不利于企业战略发展。

2. 智能网联汽车系统管端威胁及案例

管系统即网络通信,是指能实现融合通信及接入互联网的能力或技术。管道主要用于解决车与车、车与路、车与行人等之间的互联通信,实现车辆自组织网络、移动通信网、无线局域网以及多种异构网络之间的通信。管端是车联网的保障,是公共网络与专有网络的统一体。

车联网系统中的"V2X"通过无线网络(Wi-Fi)、移动通信网等无线通信手段使平台层与多个 App 服务商的子系统连接,从而提供车与车、路、人、云等智能信息交换(图4-4)。而"V2X"和无线通信方式存在网络加密、认证等安全问题,如果车辆信息没有选择合适的加密算法加以保护,或者已有的通信协议流程被伪造,都会引起传输风险。因为"V2X"可以获取实时路况、道路信息、行人信息等,这就需要汽车用户实时分享自己的位置、速度、轨迹,而且任何组织或其他人也可以使用该无线频段来监控车辆信息,如果车辆发送的信息未经过加密则通过管端攻击获取隐私数据。

图 4-4 车联网"V2X"无线通信

车联网大量使用无线通信技术,数据传输面临更大威胁。攻击者可以窃取、篡改或删除通信链路上的数据,并伪装成网络实体截取业务数据及网络流量进行主动和被动分析。数据传输威胁主要包括如下几种:

(1)窃听攻击。攻击者通过窃听无线通信链路上的数据,获取智能设备终端的隐私数据和敏感数据。

(2)篡改攻击。攻击者可以篡改终端向车联网云平台提交的业务数据,向车联网提供错误的数据信息。

(3)伪造攻击。在车联网终端的控制指令传输过程攻击者可以伪造一些携带控制指令的报文发给智能终端,达到未授权操作的效果。

例如,2017年荷兰屯特大学就针对"V2X"通信的技术进行安全性攻击,实验结果表明,仅用两个无线信号传输装置就能够迅速而精确地定位到目标车辆,这给智能网联汽车的安全行驶及其信息安全带来巨大隐患。

3. 智能网联汽车系统车载终端威胁及案例

端系统在车联网中指的是泛的通信终端,包括具备车内通信、车间通信、车路通信、车网通信能力的车载终端以及具备车路通信、车网通信能力的道路基础设施,其功能是采集和获取车辆的信息,感知行车状态与环境,同时使汽车具备寻址和网络标识等能力。如图4-5所示为部分车载终端设备。

智能网联汽车系统车载终端

图 4-5 部分车载终端设备

对于车载终端来说,威胁会来自于车载信息娱乐系统、远程信息处理控制单元等联网关键节点、车内使用的无线传感器、车载诊断系统的接入口、车载操作系统以及车内网络总线系统等部分。比如攻击者可能会通过GPS导航系统,发送伪造的GPS导航信号,诱导驾驶人行驶线路发生偏移。攻击者也可能会通过伪装身份、篡改标识等,攻击车内软件产品漏洞或通过权限升级、指令破解等,远程开启某种汽车系统功能或非法变更汽车系统设置数据,使应当受保护的信息落入非法人员手中。另外由于车载信息系统底层操作系统采用Linux版本,通过非法连接请求,可能会造成系统瘫痪、服务受阻等问题。

2017年7月荷兰Computest公司的安全研究人员通过研究发现大众Golf GTE的车载信息娱乐系统中存在远程利用漏洞。攻击者通过车载Wi-Fi设备将汽车连接到自己设置的Wi-Fi网络中,再利用车载信息娱乐系统的漏洞,向CAN总线随意发送报文信息以控制车内的扬声器、麦克风以及中控大屏等。如果车载信息娱乐系统与汽车的加速和制动系统间接相连的话,攻击者可能会通过发送CAN信息来控制汽车的加速和制动系统等的关键安全部件。2018年公开了一个梅赛德斯奔驰的基于iOS平台的汽车信息管理应用程序漏洞。攻击者利用该漏洞可以进行中间人攻击,拦截应用程序和服务器之间加密的API数据,进而实现远程遥控停车、打开车门、获取车辆位置、行驶方向等敏感信息。

关于智能网联汽车信息安全防护技术,国内外的整车厂和零部件厂商都在研发不同的应对策略。宝马、沃尔沃等车厂已经有专门的汽车信息安全部门,实施从正向建设的安全方案。国内以比亚迪、吉利、上汽等为代表的整车厂商已开始车联网网络安全工作部署,并取得一定进展。同时,汽车行业的软硬件供应商也在积极提出安全防护方案,为汽车信息安全设计提供从硬件设计到安全服务的相关产品。由于汽车信息安全的特殊性,有很多来自传统IT领域的知名公司和关注信息安全领域的公司如百度、奇虎、360、腾讯、科恩为代表也开始加入汽车安全防护技术研发中,并推出相关产品。

智能网联汽车的信息安全相关的攻击方式多种多样,信息安全问题已经成为国内外汽车领域的重要议题和研究热点,同时,信息安全威胁也成为制约网联车发展的瓶颈。因此,分析智能网联汽车的信息安全问题,研究车载网络的信息安全防护技术变成了汽车研究领域及相关产业领域的共同需求。

二 传统信息安全测评技术

信息是各企事业单位的重要资源,也是一种重要的"无形财富"。互联网和IT技术的普及,使得应用信息突破了时间和空间上的障碍,信息的价值在不断提高。但与此同时,计算机病毒、系统非法入侵、数据泄密、漏洞非法利用等信息安全事件时有发生。针对智能网联汽车的信息安全相关标准还未真正建立,而对其的测评工作也没有标准可依据,因此,现阶段很大程度上要借鉴传统信息安全测评标准,才能进一步完善和规范当前智能网联汽车信息安全测评工作。

(一)传统信息安全存在问题

分析当前的信息安全问题,主要是以下的一些典型问题:

(1) 信息产品国外引进与安全自主控制。国内信息化技术严重依赖国外,从硬件到软件都不同程度地受制于人。目前,国外厂商的操作系统、数据库、中间件、办公文字处理软件、浏览器等基础性软件都大量地部署在国内的关键信息系统中,但是这些软件或多或少存在一些安全漏洞,使得恶意攻击者有机可乘。目前,我们国家的大型网络信息系统许多关键信息产品长期依赖于国外,一旦出现特殊情况,后果将不堪设想。

(2) IT产品类型繁多和安全管理滞后的矛盾。目前,信息系统部署了众多的IT产品,包括操作系统、数据库平台、应用系统。但是不同类型的信息产品之间缺乏协同,特别是不同厂商的产品,不仅产品之间安全管理数据缺乏共享,而且各种安全机制缺乏协同,各产品缺乏统一的服务接口,从而造成信息安全工程建设困难。系统中安全功能重复开发,安全产品难以管理,也给信息系统管理留下了安全隐患。

(3) IT系统复杂性和漏洞管理。多协议、多系统、多应用、多用户组成的网络环境复杂性高,存在难以避免的安全漏洞。据统计,绝大部分操作系统存在安全漏洞。由于管理、软件工程难度等问题,新的漏洞被不断地引入到网络环境中,所有这些漏洞都将可能成为攻击切入点,攻击者可以利用这些漏洞入侵系统、窃取信息。为了解决来自漏洞的攻击,一般通过打补丁的方式来增强系统安全。但是,由于系统运行的不可间断性及漏洞修补风险的不可确定性,即使发现网络系统存在安全漏洞,系统管理员也不敢轻易地安装补丁。特别是大型的信息系统,漏洞修补是一件极为困难的事,因为漏洞既要做到修补,又要能够保证在线系统正常运行。

(4) 内外网络隔离安全和数据交换方便性。由于网络攻击技术不断增强,恶意入侵内部网络的风险性也相应急剧升高。网络入侵者可以渗透到内部网络系统,窃取数据或恶意破坏数据。同时,内部网的用户因为安全意识薄弱,可能有意或无意地将敏感数据泄露出去。为了实现更高级别的网络安全,有的安全专家建议内外网及上网计算机实现物理隔离,以求减少来自外部网络的威胁。

(二) 传统信息安全评估定义及体系

安全评估是现代管理科学的重要组成部分,对安全状况做出正确的评估是事故前管理的基础。信息安全评估主要是对测评对象的信息系统进行安全性的综合评估,根据出发点和侧重点的不同,许多学者都给出了自己的定义。

有学者认为信息安全性评估是"综合运用安全系统工程学方法对系统的信息安全性进行预测和度量,是安全管理的重要技术手段";也有学者将信息安全评估定义为"用定性和定量的方法对信息系统可能存在的风险进行分析,得出系统出现危险的可能性及其程度的评估,从而寻求最低事故率、最少的损失和最优的安全投入效益";此外,信息安全评估也被认为是"以达到系统安全为目的,用科学的程序与方法,对信息系统中的风险因素、发生事故的可能性及损失程度进行研究和分析,从而评估系统总体的安全性,为制定预防和保护措施提供科学的依据"。目前我们采用的信息评估体系如图4-6所示,这个体系中评估的准则是根据发展在不断完善与调整。

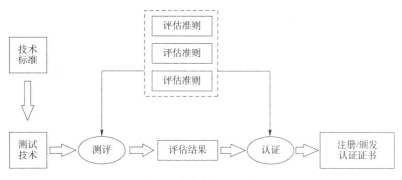

图 4-6 信息安全评估体系

(三)传统信息安全评估对象

信息安全保护的主要对象是终端产品、安全软件、关键网络和基础设施、计算环境、支撑性基础设施等。

(1)终端产品。保护通过对代码、端口、网络连接、移动存储设备接入、数据文件加密、行为审计进行分级控制,实现操作系统加固及信息系统的自主、可控、可管理,保障终端系统及数据的安全。

(2)安全软件。保护实现软件数据的强制访问控制和统一管理控制、敏感文件及加密密钥的冗余存储备份,包括文件权限管理、用户管理、共享管理、外发管理、备份管理、审计管理等。

(3)关键网络和基础设施的防御。关键网络及基础设施,可以从两个方面来理解:一个是信息网络基础设施中的关键部分;另一个是关键基础设施中的信息部分。前者通常包括电信网络、广播电视网络、域名系统、电子签名认证系统等,后者即我们通常所说的重要信息系统。随着信息技术的发展,国家关键基础设施普遍网络化和信息化,这两个方面的融合度已经越来越高,一般通过检测骨干网可用性、无线网安全框架、紧耦合连接程度等,对网络和基础设施的业务连接能力、自主可控能力、数据安全防御能力等进行评测。

(4)边界防御。通过对外界硬件或程序进入系统的监控扫描,在非法攻击、病毒尚未被运行时即可被判定为安全或不安全,从而最大限度地保障对本地机器的安全防护,一般通过网络访问控制、远程访问策略、多级别安全策略、入侵检测系统等进行评测。

(5)计算环境防御。计算机环境分为物理环境、虚拟环境等。为保证计算机系统的安全可靠性,在计算机系统对信息进行采集、处理、传输、存储过程中,不至受到人为(包括未授权使用计算机资源)或自然因素的危害,而使信息丢失、泄露或破坏,需对计算机设备、设施(包括机房建筑、供电、空调等)、环境、人员等采取适当的安全措施,一般通过对用户环境、应用系统安全进行检测,对计算机系统涉及设施、人员进行审查等。

(6)支撑性基础设施。相对于关键基础设施而言,支撑性基础设施主要是辅助网络信息系统中关键业务执行、数据传输等能够安全有效地运行,一般从整个信息系统运作流程中,反馈并评测出支撑性基础设施的安全指数,以及业务监视和响应情况。

(四)传统信息安全测试内容

在信息安全产品或信息系统的开发或评估中,开发者或评估人员借助测试技术获得反映它们性能的数据。测试技术需准确、经济地为开发者或评估人员提供指标值或计算它们的相关数据,反映产品或系统在安全性、运行性能、协议符合性与一致性、环境适应性、兼容性等方面的状况,为提高产品或系统的质量或准确评估它们的等级提供依据。

传统信息安全测试内容主要包括以下几点:

(1) 测试环境的构造与仿真:传统测试方法依靠构建实际运行环境进行测试,随着运行环境的复杂化,代价越来越高,测试环境仿真技术应运而生,由各类测试仪来实现。

(2) 有效性测试:用测试的方法检查信息安全产品、系统与它们的模块、子系统是否完成了所设计的功能,包括通过测试相应的指标量衡量完成的程度与效果。测试方法包括典型的应用实例或输入数据,包含典型输入数据与边界值的测试用数据为测试序列。

(3) 负荷与性能测试:通过输入、下载不同带宽、速率的数据或建立不同数量的通信连接,得到被测产品或系统的数据处理能力指标值及它们之间可能的相互影响情况,如得到最大带宽、吞吐量、最大处理速率等。

(4) 攻击测试:利用网络攻击或密码分析手段,检测网络安全设备或密码模块的安全性质,如网络扫描技术,用于测试防火墙与服务器安全特性。

(5) 故障测试:通过测试了解信息安全产品或系统出现故障的可能性、故障环境及故障类型,故障测试结果可反映被测对象的运行稳健性,如错误数据输入。

(6) 一致性与兼容性测试:对于信息安全产品、系统或其模块、子系统,检测它们在接口、协议等方面与其他配套产品、系统或模块、子系统的互操作情况,确定它们是否都符合相关的接口、协议设计与规范。

(五)传统信息安全测评机构

1984年,我国成立数据加密技术分委员,后来改为信息技术安全分技术委员会。2002年4月,为加强信息安全标准的协调工作,国家标准化管理委员会决定成立全国信息安全标准化技术委员会,由国家标准化管理委员会直接领导,对口 ISO/IEC JTC1 SC27,秘书处设在中国电子技术标准化研究所,委员会由30多个部门和单位的49名领导和专家组成,目前共有工作组成员单位165家,其中企业120家。国家标准化管理委员会高新函〔2004〕1号文决定,自2004年1月起,各有关部门在申报信息安全国家标准计划项目时,必须经全国信息安全标准化技术委员会提出工作意见,协调一致后由全国信息安全标准化技术委员会组织申报;在国家标准制定过程中,标准工作组或主要起草单位要与全国信息安全标准化技术委员会积极合作,并由全国信息安全标准化技术委员会完成国家标准送审、报批工作。其中,秘书处是委员会的常设办事机构,负责委员会的日常事务工作。秘书处设在中国电子技术标准化研究所。图4-7为我国信息安全认证机构划分图。

其中,WG1(信息安全标准体系与协调工作组),主要负责研究信息安全标准体系,跟踪国际标准发展动态,研究信息安全标准需求,研究并提出新工作项目及设立新工作组的建议以及协调各工作组项目;WG2(涉密信息系统安全保密标准工作组),主要负责制定和修订涉密信息系统安全保密标准,研究提出涉密信息系统安全保密标准体系;WG3(密码技术标准工作组),主要负责研究并提出商用密码技术标准体系,研究制定商用密码算法,商用密码模块和商用密钥管理等相关标准;WG4(鉴别与授权工作组),主要负责研究制定鉴别与授权标准体系,调研国内相关标准需求,研究制定鉴别与授权标准,调研测评标准现状与发展趋势;WG5(信息安全评估工作组),主要负责研究我国统一测评标准体系的思路和框架,提出测评标准体系,研究制订急需的测评标准,调研通信安全标准现状与发展趋势;WG6(通信安全标准工作组),主要负责研究提出通信安全标准体系,研究制订急需的通信安全标准,研究信息安全管理动态,调研国内管理标准需求;WG7(信息安全管理工作组),主要负责研究并提出信息安全管理标准体系,制定信息安全管理相关标准。

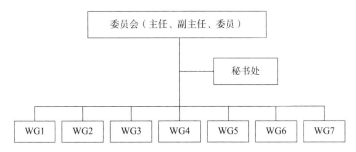

图 4-7　我国信息安全认证机构划分

(六)传统信息安全测评原则

信息安全测评主要参考以下标准进行:《计算机信息系统安全保护等级划分准则》(GB 17859—1999);《计算机场地安全要求》(GB/T 9361—2000);《信息技术　安全技术　信息技术安全性评估准则　第 3 部分:安全保证要求》(GB/T 18336.3—2008);《信息技术　信息安全管理实用规则》(GB/T 19716—2005);《信息安全技术　信息系统通用安全技术要求》(GB/T 20271—2006);《信息安全技术　信息安全风险评估规范》(GB/T 20984—2007);《信息安全技术　信息系统安全等级保护基本要求》(GB/T 22239—2008);《信息安全　技术信息安全风险管理指南》(GB/Z 24364—2009)等。

我国信息安全测评相关法规及标准正逐步完善。1999 年,颁布《计算机信息系统安全保护等级划分准则》。1999 年 2 月,正式批准国家信息安全测评认证管理委员会章程及测评认证管理办法。2001 年 5 月,成立中国信息安全产品测评认证中心。2001 年,根据 CC 颁布国家标准《信息技术　安全技术　信息技术安全评估准则》。2007 年,成立中国信息安全认证中心。2008 年,中国信息安全测评中心独立承担完成的"国家信息安全测评认证技术体系建设"项目荣获 2008 年度国家科学技术进步一等奖。这个项目在信息安全测评认证理论体系、专用技术体系与标准体系 3 个方面取得了系统性突破,通过自主创新与综合集成创新,填补了我国信息安全测评认证工作的空白。2009 年,国家质检总局与国家标准委发布《基于互联网电子政务信息安全实施指南》(GB/Z 24294—2009),确立了基于互联网电子政务信息安全保障总体架构,为基于互联网电子政务所涉及的信息安全技术、信息安全管理、信息安全工程建设等方面安全要求的实施提供指导。

信息安全测评活动在满足相关法规要求的同时,也对从事测试评估的人员提出十分严苛的要求,具体要求测试评估须遵守以下原则:

(1)客观性和公正性原则。测评人员应当没有偏见,在最低主观判断情形下,按照测评双方相互认可的测评方案,基于明确定义的测评方式和解释,实施测评活动。

(2)经济性和复用性原则。基于测评成本和工作复杂性考虑,鼓励测评工作重用以前的测评结果,包括商业安全产品测评结果和信息系统先前的安全测评结果。所有重用的结果,都应基于结果适用于目前的系统,并且能够反映出目前系统的安全状态。

(3)可再现原则。不论谁执行测评,依照同样的要求,使用同样的测评方式,对每个测评实施过程的重复执行应该得到同样的结果。可再现性和可重复性的区别在于,前者与不同测评者测评结果的一致性有关,后者与同一测评者测评结果的一致性有关。

(4)结果完善性原则。测评所产生的结果应当证明是良好的判断和对测评项的正确理解。测评过程和结果应当服从正确的测评方法以确保其满足了测评项的要求。

(5)威胁等级划分准则。在测试评估中,需要统计以下几种典型威胁情况发生的频率:以往安全事件报告中出现过的威胁及其频率的统计、实际环境中通过检测工具以及各种日志发现的威胁及其频率的统计、近一两年来国际组织发布的对于整个社会或特定行业的威胁及其频率统计,以及发布的威胁预警。可以对威胁出现的频率进行等级化处理,不同等级分别代表威胁出现的频率的高低。等级数值越大,威胁出现的频率越高。

(6)脆弱性等级划分准则。根据脆弱性对资产的暴露程度、技术实现的难易程度、流行程度等,采用等级方式对已识别的脆弱性的严重程度进行赋值。由于很多脆弱性反映的是同一方面的问题,或可能造成相似的后果,赋值时应综合考虑这些脆弱性,以确定这一方面脆弱性的严重程度。对某个资产,其技术脆弱性的严重程度还受到组织管理脆弱性的影响。因此,资产的脆弱性赋值还应参考技术管理和组织管理脆弱性的严重程度。脆弱性严重程度可以进行等级化处理,不同的等级分别代表资产脆弱性严重程度的高低。等级数值越大,脆弱性严重程度越高。

三 智能网联汽车信息安全测评技术

随着社会信息化的依赖性越来越强,网络和信息系统的安全性变得愈发重要。确保基本网络和通用信息系统的安全,更好地维护国家安全,保障社会和经济的稳定,是信息化发展中必须要解决的问题,对于开展信息安全评估也具有重要意义。我国的信息安全工作尚处于起步阶段,信息安全的形式十分严峻,网络斗争变得越来越尖锐复杂,已成为当前最难把握的安全问题之一。

(一)智能网联汽车信息安全测评目的及意义

根据国家或行业信息安全相关的技术标准和规范管理,对信息系统进行测试和评估非常重要。通过评估,一是可以了解信息系统的安全状况,排查信息系统的隐患和薄弱环节,明确信息系统的安全建设和整改需要;二是可以衡量信息系统的安全保护管理措施和技措施是否满足信息安全保护的基本要求。

保障智能网联汽车信息安全,不仅要从国家政府层面展开行动,构建智能网联汽车发展平台,开展智能网联汽车应用,完善智能网联汽车的自主研发体系,还要将企业和研发机构等联合起来,一起制定智能网联汽车及其他设备的信息安全防范措施,形成对智能网联汽车的信息安全审查能力。同时,我们也应该从测试和评价的角度,搭建智能汽车信息安全的研究、检测和评估环境,研发智能汽车信息安全测试工具,辅助政府开展对智能网联汽车不同产品、不同环节的安全审查工作。建设智能网联汽车电子控制单元、操作系统、通信系统、信息服务系统四类产品的信息安全测试平台,对产品可能存在的缺陷和脆弱点进行安全检测、挖掘、验证其存在的安全隐患,辅助汽车企业、互联网企业开展对智能网联汽车系统及设备的检测及测评服务。

(二)智能网联汽车信息安全测评对象及内容

依据传统信息安全,智能网联汽车信息安全测评主要划分为汽车物理安全测评、汽车网络安全测评、汽车主机安全测评、汽车应用安全测评以及汽车数据安全及备份等,对应的具体测试内容见表4-1。

信息安全测评对象及测评内容　　　　　　　　表4-1

智能网联汽车信息安全测评对象	测评内容
物理安全	(1)总线安全隔离:使用高速CAN总线及关联设备、低速CAN总线及关联设备和多媒体总线及关联设备,增加安全网关,实现物理隔离,保障汽车核心控制单元不受外部数据的负面影响; (2)网络安全隔离:应使用安全网关实现外部网络与车载系统的物理隔离,保障汽车车载系统不受外部网络威胁
网络安全	包括通信安全、访问控制、安全审计、入侵防范、恶意代码防范、远程登录防护
主机安全	包括身份鉴别、访问控制、安全审计、总线安全、入侵防范、恶意代码防范、资源控制
应用安全	包括身份鉴别、访问控制、安全审计、通信安全、抗抵赖、软件容错、资源控制
数据安全及备份	包括数据完整性、数据保密性、备份和恢复

根据智能网联汽车"端管云"的整体逻辑架构,来划分智能网联汽车测评对象,又分为感知信源层、网络传输层及应用服务层。通过研究信息安全共性技术,针对汽车不同产品、不同模块的测评需求,开展安全分析、检测、渗透、扫描及评估技术研究。建立产品的安全威胁模型分析环境,对整车或关键零部件进行缺陷分析、脆弱性分析;完善产品的安全测试环境,针对产品可能存在的缺陷和脆弱性进行检测、挖掘与验证;建设全生命周期的安全评估环境,对已验证的安全隐患进行评估,评定相应信息系统的安全等级。运用安全分析、检测、评

估技术，搭建模拟、硬件在环分析、实物平台测试评价环境，并从设备感知层的多类型传感器、泛在通信终端、网络或寻址可信标识等能力设备，从网络链路层的 V2X 技术的互联互通，从应用层的云构架信息平台、多种下游车辆服务产业等三大方面开展对智能网联汽车信息安全的测试与评价。

(1) 智能网联汽车感知信源层测试。感知信源层是智能汽车的多传感器融合，负责收集和获取车辆的智能信息，感知驾驶障碍物和环境，是具有车载通信、车间通信和车云通信的通信终端，同时使车辆具备寻址和网络可信标识等能力。感知信源层主要由一系列关键电子单元组成，例如感应、控制和执行等功能。感知信源层的信息安全相关测试的主要关注点是针对电子单元的相关测试。代码审计是首要应关注的测评方向，ECU 中的代码漏洞测试主要有两种评估技术：静态检测技术和动态检测技术。静态检测技术用于扫描电子控制单元的源代码或二进制格式，直接分析程序的特征，并进行漏洞扫描和模糊分析；动态检测技术是运行电子控制单元程序以检测运行结果与预期之间的差异，从而分析运行效率和鲁棒性。评估内容包括代码审计、固件漏洞、接口、存储安全性等。

(2) 智能网联汽车网络传输层测试。智能网联汽车的网络传输层主要应用场景为 V2X 的互联互通，在功能和性能上保证实时性、可服务性和网络泛在性。所有通信皆通过车载 CAN 网络、V2X 无线通信网络和 LTE 蜂窝网络形成一个智能的车路协同互联互通系统。对于网络传输层的信息安全测试，主要是测试智能网联汽车中通信网络协议的安全性。目前协议相关的大多数漏洞都与其健壮性有关，协议安全性体现在可以正确地处理或拒绝畸形的协议数据单元(Protocol Data Unit, PDU)并且不会引起漏洞或故障性失效。在此前提下，网络层有代表性的 3 种安全测试方法，包括车辆通信协议随机测试、变异语法注入测试方法、错误注入方法和车辆通信协议漏洞测试，测试内容包括在智能网联汽车和智慧交通系统的网络传输层中设计的通信协议的安全检查、传输保密性、边界安全性评估、设备标识等。

(3) 智能网联汽车应用服务层测试。智能网联汽车的应用服务层主要从汽车信息服务系统的综合评估中进行。其生态链包括物流、货运、汽车维修租赁、车辆管理、保险及救援等。整个系统围绕车辆的数据聚合、计算、调度、监视、管理应用程序和其他方面，涵盖远程信息服务终端(Telematics Box, T-BOX)的安全性测试、汽车远程服务提供商的安全性评估(Telematics Services Provider, TSP)、手机应用测评、车辆操作系统测试等。T-BOX 的安全检测内容是服务接口渗透、终端应用非法注入及检测；TSP 的安全检测内容为服务器高危漏洞检测、服务器操作系统安全评估、服务器系统服务的安全评估。应用服务层的关键测试内容包括汽车信息服务终端的通信认证、数据传输安全、身份鉴别和安全审计。

同时，智能网联汽车的车载操作系统具有很强的抽象性，在安全操作系统的设计中把机密性、完整性、可用性和抗抵抗性作为基本的安全需求。安全操作系统模型抽象出安全策略所表达的安全需求，描述了安全策略所对应的安全机制，进而体现出安全机制在操作系统中的具体表现。操作系统整体安全检测流程包括形式化分析、渗透性测试、安全功能测试和漏洞扫描，先根据车载操作系统的安全需求分析安全策略进而建立安全模型，根据需要实现的机制进行安全功能检测，最后进行车载操作系统的风险评估。车载操作系统的安全测试重点包括：基于安全模型的形式化系统分析、系统信息安全功能化分析、系统渗透测试、安全漏洞扫描等。测试内容包括：访问控制权限测试、身份鉴别测试、数据保护、管理权限验证等。

(三) 智能网联汽车信息安全测试依据

智能网联汽车的信息安全问题越来越受到汽车行业及用户的重视与关注，自智能网联汽车问世以来，就陆续颁布了多台指令，旨在规范智能网联汽车信息安全测试，提高智能网联汽车的信息安全可靠性。其中，主要包括车辆电子安全技术类规范、车辆使用性能类测试规范、车辆数据信息类测试规范、传统信息安全测试规范等，对应的测试规程见表4-2。

信息安全测试依据　　　　　　　　　　　　　　表4-2

智能网联汽车信息安全测试	测试依据
车辆电子安全技术类规范	《道路车辆　电气电子设备防护等级》(GB/T 30038—2013)；《商用车辆和挂车制动系统技术要求及试验方法》(GB 12676—2014)
车辆使用性能类测试规范	《机动车运行安全技术条件》(GB 7258—2012)；《电动汽车　安全要求　第1部分：车载可充电储能系统(REESS)》(GB/T 18384.1—2015)；《电动汽车　安全要求　第2部分：操作安全和故障防护》(GB/T 18384.2—2015)；《电动汽车用驱动电动机系统　第1部分：技术条件》(GB/T 18488.2—2015)；《乘用车爆胎监测及控制系统技术要求和试验方法》(GB/T 30513—2014)
车辆数据信息类测试规范	《卫星定位车辆信息服务系统》(GB/T 30290—2013)
传统信息安全测试规范	《计算机信息系统安全保护等级划分准则》(GB 17859—1999)；《计算机场地安全要求》(GB/T 9361—2000)；《信息技术　安全技术　信息技术安全性评估准则》(GB/T 18336—2001)；《信息技术　信息安全管理实用规则》(GB/T 19716—2005)；《信息安全技术　信息系统通用安全技术要求》(GB/T 20271—2006)；《信息安全技术　信息安全风险评估规范》(GB/T 20984—2007)；《信息安全技术　信息系统安全等级保护基本要求》(GB/T 22239—2008)；《信息安全技术　信息安全风险管理指南》(GB/Z 24364—2009)

(四) 智能网联汽车信息安全测试原则

智能网联汽车信息安全测试主要遵循以下几点原则：

(1) 全面性原则。必须全面反映智能网联汽车信息安全测评技术，绝不能扬长避短，反映智能网联汽车信息安全测试的指标要注意层次和数量，同时也要注意各层指标的数量。

(2) 科学性原则。智能网联汽车信息测试评价体系要明确，选取的测评指标必须科学、合理、准确，具有代表性，能够客观地、科学地反映出智能网联汽车的网联信息安全化水平。

(3) 目的性原则。必须围绕智能网联汽车信息安全的测评目的展开，使最后的测评结论反映智能网联汽车的网联信息安全化水平。

(4) 可比性原则。对每一个评价对象必须是公平的、可比较的，不能只选择一些有明显倾向性的指标，也就是智能网联汽车信息安全的各项测评指标可以相互比较，以便能确定其相对优劣的程度。

(5)可操作性原则。智能网联汽车信息安全测评指标体系应该是简易性和复杂性的统一,要充分考虑数据取得和指标量化的难易程度。

(五)智能网联汽车信息安全的发展方向

由于汽车"新四化"(自动化、互联化、电气化、服务化)的发展趋势,相较于传统汽车,智能网联汽车信息安全的发展需要解决以下问题:如何提供高可靠的入侵检测和防护,防止造成生命财产方面的损失;如何保障复杂通信环境信息安全,提升车辆的防护能力;如何采取高效可靠的响应和回复方案等。构建以"检测—保护—响应—恢复"为全生命周期的智能网联汽车信息安全体系,构建不同安全等级的响应机制和恢复策略,是未来智能汽车信息安全的主要发展方向。

构建全生命周期层次分明的纵深防御体系,涵盖产品的设计、研发、生产、维修和报废全阶段,覆盖车载智能终端、移动智能终端、车联网服务平台及多模式的网络通信协议的多级多域防护系统,运用安全分级、访问控制、加密安全、入侵检测技术和安全审计保障技术;从单点防御和被动防御方法向动态感知安全检测和主动安全管理相结合的综合防御系统转变,借助大数据、人工智能等技术,实现自动识别、风险管理和攻击溯源;借助密码技术和可信计算体系,完善智能网联汽车以及车联网的可信环境,从本质上提高安全水平,增强对未知威胁的防御能力和效率。

技能实训

某款智能网联汽车涉及信息安全的物理安全测评实训

(1)测评对象:装备有某款智能网联汽车信息安全的智能网联汽车一辆。
(2)测评内容及过程:
①物理安全之总线安全隔离。
a. 在测试过程中应遵守的测评依据。

b. 在测试过程中应遵守的测评原则。

c. 测试工具及方法。

②物理安全之网络安全隔离。
a. 在测试过程中应遵守的测评依据。

b. 在测试过程中应遵守的测评原则。

c. 测试工具及方法。

(3)编写测评报告。

思考与练习

一、判断题

1. 智能汽车的信息安全不仅构成企业的经济损失和个人隐私的泄漏,而且还可能对人身安全造成严重后果,甚至引起威胁国家的公共安全问题。（　　）
2. 由于目前尚未出台专门的智能网联汽车信息安全法律法规,因此还未实现对终端安全、网络安全、云平台安全、信息数据安全等方面的管理覆盖。（　　）
3. 对于车载终端来说,攻击者可能会通过 GPS 导航系统,发送伪造的 GPS 导航信号,诱导驾驶人行驶线路发生偏移。（　　）
4. 车辆使用性能类测试规范不属于智能网联汽车信息安全测试依据。（　　）
5. 构建以"检测—保护—响应—恢复"为全生命周期的智能网联汽车信息安全体系,构建不同安全等级的响应机制和恢复策略,是未来智能汽车信息安全的主要发展方向。（　　）

二、选择题

1. 自 2018 年以来,黑客已经成功地利用（　　）和其他手段对智能汽车进行网络攻击。
   A. 信息篡改　　　B. 车辆本身　　　C. 车载娱乐系统　　　D. 病毒入侵
2. 具体而言,智能网联汽车信息安全风险主要来源于（　　）。
   A. 车辆本身　　　　　　　　　B. 路侧单元
   C. 云平台　　　　　　　　　　D. 网络传输过程以及链接设备
3. 目前,国内外关于网联汽车信息安全问题的研究可以概括为（　　）。
   A. 网联汽车安全漏洞的研究工作;
   B. 网联汽车信息安全标准及框架的研究;
   C. 网联汽车集成化的研究;
   D. 网联汽车安全防护技术的研究。
4. 车联网大量使用（　　）技术,数据传输面临更大威胁。
   A. CAN 总线　　　B. 无线通信　　　C. Flex Ray 总线　　　D. 以太网
5. 根据智能网联汽车"端管云"的整体逻辑架构,来划分智能网联汽车测评对象,又分为（　　）。
   A. 感知信源层　　　B. 网络传输层　　　C. 应用服务层　　　D. 安全技术层

三、简答题

1. 简述目前国内外关于网联汽车信息安全问题研究的 3 个主要方向。
2. 简述智能网联汽车信息安全评估的重要意义。
3. 简述智能网联汽车信息安全测试应遵循的原则。

模块五 智能网联汽车试验验证技术

学习目标

▶ **知识目标**

1. 列举智能网联汽车试验验证的需求；
2. 描述国内外智能网联汽车试验场的概况；
3. 认识国内智能网联汽车试验验证示范区。

▶ **技能目标**

1. 利用已有仿真环境实施智能网联汽车试验验证；
2. 通过封闭试验场进行某场景下自动驾驶某功能的验证。

▶ **素养目标**

1. 通过对智能网联汽车试验验证需求的学习，培养学生建立需求的多维度意识、循序渐进的理念及认真负责的工作态度；
2. 通过对智能网联汽车试验验证技术的学习，通过对"虚""实"优劣的认真，培养学生的成本意识和换位思考能力；
3. 通过对智能网联汽车试验验证平台设计的了解，让学生明白示范的意义，培养学生对学习和工作的自驱力，不断提升和完善自己。

▶ **建议课时**

6课时。

一、智能网联汽车试验验证需求

传统汽车是人、车、环境相互分离的系统，通过人对环境的感知和判断，利用车辆的转向盘、制动和加速踏板等机构实现对车辆的运动控制，从而实现车辆的驾驶过程。智能网联汽车不同，它是由人、车、环境组成的闭环系统，人在其中的作用逐渐降低，车辆逐步具有人所具备的功能，从辅助驾驶、部分自动驾驶逐步进化，最终实现无人驾驶。根据人、车、环境这个驾驶系统中人和车的作用，可以将智能网联汽车分成不同的发展阶段，按照SAE J3016的划分标准，可以分成5个等级，从L0级（无自动驾驶）到L5级（完全自动驾驶），在低等级

L0～L2级,驾驶人是主要的执行者,负责驾驶过程中的环境感知、决策和执行,在高等级L3～L5级,系统将起到监控环境的作用,并逐步增强决策和执行的功能。

根据智能网联汽车的发展阶段,针对L0～L2级的车辆,其车辆的智能化程度较低,其车辆配置主要为高级辅助驾驶系统(Advanced Driving Assistant System,ADAS),其实现的功能相对单一,如LCA车道变更辅助、AEB自动紧急制动、APA自动停车系统、LKA车道保持系统等。目前这一阶段的技术发展较为成熟,已经有很多量产车辆配备相应的功能;对于L3～L5级的车辆,目前除了厦门金龙与百度合作的阿波龙属于L4量产车,其他整车厂和科技公司只有少量的测试样车在进行开发、测试工作。对于L3～L5级别的车辆,其实现的功能相对复杂,多为复杂驾驶场景下的车辆自动驾驶,与L1～L2级别单一驾驶功能有较大差别。

智能网联汽车的不同发展阶段,其所实现的功能从单一到复杂,车辆的纵向和横向的自主控制由部分逐步发展到全部,所有这些执行过程都是在实际的交通驾驶环境中完成,所以测试和评价首要考虑的是汽车作为一个交通工具是否能发挥其交通运输的基本功能,其中安全性是首要考虑的因素。目前智能网联汽车高级别的自动驾驶之所以还没有量产,主要是因为其在实际道路行驶过程中的安全性无法满足,而且由于智能网联汽车最终实现的自动驾驶功能,人们在安全性上的使用预期会高于传统汽车,用户希望自动驾驶的车辆能够有效避免实际驾驶环境中人为造成的各种交通事故,所以智能网联汽车道路测试和评价的首要需求就是确保车辆在实际道路行驶过程的绝对安全。根据前面分析的车辆研发试制、样车生产的过程,要测试和评价车辆的安全性,就是要验证车辆的各种功能(包括ADAS和自动驾驶)是否能在实际驾驶场景中发挥其预期设定的要求。

因此智能网联汽车的技术进步和应用推广,还需要有完善的测试评价体系的支撑,具体需求主要有以下方面:

(1)技术与产品开发需求:在汽车开发的过程中,"V"模式开发方法得到了广泛的应用,开发的每一个阶段都进行测试评价是实现"V"模式开发的前提;智能网联汽车的快速发展使得其涵盖的功能越来越多,针对的用户工况(User Case)也越来越多,因此需要大量的测试评价工作来进行功能及性能测试;当前Google、百度等互联网科技企业竞相进入智能网联汽车领域,同时也带来了互联网行业快速迭代的研发风格,当前汽车开发的迭代进程也大大加快,亟须测试评价能力的支撑。

(2)标准需求:与传统汽车的开发不同,智能网联汽车的性能表现与交通环境和驾驶行为高度相关,因此传统汽车领域直接引进国外标准的方法不再适用,必须研究制定符合我国国情的标准规范。当前,我国在智能网联汽车领域的标准正在建设中,尚缺乏统一的、规范的基础标准。以通信为例,国内自主品牌车型开发时多采用国外通信标准,且不同车型采用不同的通信协议,相互之间无法做到互联互通,严重阻碍了技术进步和产业升级。因此,我国建立系统完整的智能网联汽车标准规范,也需要大量测试评价工作的支撑。

(3)法规需求:智能网联汽车,尤其是高等级自动驾驶和无人驾驶汽车,需要有健全的法律规范进行支持和约束。一方面,为鼓励技术创新,促进技术发展和产业升级,应大力推动自动驾驶或无人驾驶车辆进入公共道路测试甚至商业化应用;但另一方面,必须保证进入公共道路的自动驾驶/无人驾驶车辆具备足够的安全性,不会对公共安全构成危险,同时不会干扰正常的交通秩序。近年来美国、德国、瑞典、日本、新加坡等国家相继通过立法允许自动驾驶车辆进入公共道路上进行测试,这都建立在有系统的测试方法与法律规范相配合的基础上。

(4)国际需求:欧、美、日、韩等汽车工业发达国家目前都开始构建智能网联汽车封闭试验场和试点示范区,相关的测试评价体系和标准规范正在完善中。我国也亟须构建适合的智能网联汽车测评体系,建设智能网联汽车测评平台和试验示范区,推动相关标准规范和法律法规的研究和制定,加快与国外先进技术的对接,吸取国际先进经验,推动我国智能网联汽车技术研发和产业化应用。

二 智能网联汽车试验验证方法

智能网联汽车测试方法主要包括仿真测试和实车测试。仿真测试主要有软件在环(Software in the Loop, SIL)、硬件在环(Hardware in the Loop, HIL)、车辆在环(Vehicle in the Loop, VIL)等方法。实车测试主要包括封闭场地测试和公开道路测试。实车测试是最真实的测试方法,但其缺点也最明显,效率低、可重复性差、灵活性差、反馈不及时等,如表5-1所示。

不同测试方法的特点　　　　表5-1

特点	软件在环(SIL)	硬件在环(HIL)	车辆在环(VIL)	实车测试
真实性	差	可	良	优
可重复性	优	良	可	差
可拓展性、灵活性	优	可	可	差
成本	优	可	差	差
效率	优	可	差	差
为开发者提供反馈的速度	优	可	差	差
代码阶段调试	优	可	差	差

(一)仿真验证技术

虚拟仿真测试通过仿真软件构建测试场景,复现真实世界道路交通环境,为自动驾驶系统提供丰富的感知输入,如图5-1所示测试场景具有极高的覆盖度,甚至可以搭建极端工况场景探寻安全边界,提高自动驾驶汽车功能开发测试的全面性;凭借自动测试以及加速测试方法在短时间内完成大量里程、多场景的测试,节约测试成本且测试效率极高。同时,虚拟仿真测试具备测试场景重现性好、无测试安全问题等优点,尤其是在产品开发的早期,这种基于场景的虚拟仿真测试加速了系统的迭代开发进程,缩短了产品的开发周期。虚拟仿真测试已成为验证自动驾驶汽车安全性不可或缺的手段。然而,虚拟仿真测试在环境、传感器、车辆动力学方面的建模精度是存在的主要问题。即使是包含了上百个参数的复杂车辆动力学模型在再现真实车辆的运动特性方面也是有限的。此外,开展虚拟仿真测试的条件一般比较理想,没有过多地考虑真实世界中的噪声与干扰,所以测试结果的精确度和真实程度并不高,而且仅能针对系统中的某一环节进行测试,一般不会用于自动驾驶汽车最终的性能验收。

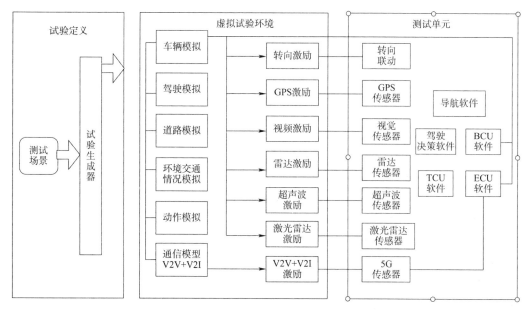

图 5-1 仿真测试过程示意图

1. 仿真试验场景要求

在仿真测试中,测试场景是开展仿真测试的基础,而测试场景架构的确定是测试场景的前提。从测试场景层次架构分析,可由道路拓扑结构、交通流以及动态情景 3 部分构成。从测试场景三维架构分析,测试场景是行驶场合和驾驶情景的组合,在不同的天气条件下,由不同驾驶工况(高速、城市、乡村等)与驾驶任务、驾驶速度等构成。测试场景应具有一致性、可通过具体的数值进行描述、机器可读性。为了解决传统测试场景构建方法存在的效率低、适应性差、场景数量有限等问题,可以从以下方面出发,搭建符合中国实际情况的测试场景:一是从安全驾驶等方面建立基于智能网联汽车考试的测试场景;二是从法律法规和事故等方面,建立基于交通事故与违法情况的测试场景;三是从典型道路环境、天气及光照等方面,建立基于道路交通情景的测试场景。当前,测试场景库的建设尤为重要。首先需要解决的问题就是统一数据标准和数据格式。然后是丰富场景库的数据来源,如国内外标准场景、驾驶模拟器场景、自然驾驶场景、事故场景等。场景库的建设可以为智能网联汽车的研发和测试提供巨大的支撑。

2. 软件在环

软件在环是指在系统代码级别进行功能测试,通过输入大量测试场景,可快速、高效地验证自动驾驶系统环境感知算法、决策控制算法等。在目前系统开发中"V"模型被普遍采用,软件在环测试由于成本低、效率高、易修改,一般应用在自动驾驶系统设计初期和中期,如图 5-2 所示。目前,仿真模拟软件可分为开源和收费两种。开源模拟平台主要有 Gazebo、Carla、Apollo,收费模拟平台主要有 Panosim、Carsim、Pro-SiVIC 等。

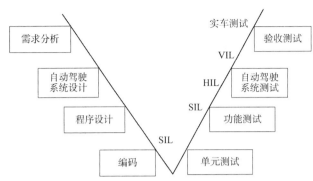

图5-2 自动驾驶系统"V"模型开发示意图

3. 硬件在环

硬件在环是指控制系统硬件作为被测对象,将环境仿真信息输入到控制系统。其特点是可以测试一些危险场景、测试工况可复现,但其测试效率、成本、灵活可拓展性不能满足目前自动驾驶系统的迭代速度。硬件在环的应用最早是在传统车辆控制器上,如发动机控制系统(Engine Module System,EMS)、电子稳定控制系统(Electronic Stability Control,ESC)等。

ADAS控制器和自动驾驶系统控制器比传统车辆控制器需要测试的工况更多,同时需要实际交通环境的参与,这是传统汽车控制器所不需要的,搭建虚拟环境是整个ADAS或自动驾驶测试的基础并应用于整个测试过程。当前主要有IPG公司的Carmaker,TASS公司的PreScan,OKTAL公司的Scanner等软件可进行虚拟环境仿真。在软件中拥有多种传感器的模型,如毫米波雷达、激光雷达、摄像头等,这些模型可以模拟实际控制器中的真实传感器。同时,软件中还有多种常见的交通流元素,如行人、车辆、建筑物、道路等,这些交通元素可以仿真实际交通环境搭建虚拟测试环境,通过传感器模型可以将虚拟目标传递给控制系统,用来测试控制系统的控制功能。图5-3是应用较多的摄像头在环测试系统,一般选择摄像头注视屏幕的方式进行测试,这种方式的优点是可重复性和快速性,缺点是屏幕呈现的环境与真实环境之间存在误差。在测试时可采用视频流注入或目标信号注入的方法解决这一问题。

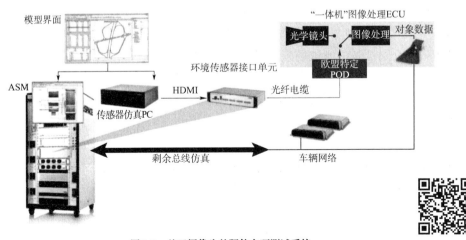

图5-3 基于摄像头的硬件在环测试系统

ADAS演示

对基于雷达的控制系统,可以通过雷达目标仿真器的方式模拟虚拟测试目标,目前只有 RS 的空中下载技术(Over the Air,OTA)和 NI 的雷达目标仿真器,且仿真的目标数量只有 4 个左右。图 5-4 是基于雷达的硬件在环测试的示意图,在测试时同样可采用雷达模型和目标信号注入的方法。

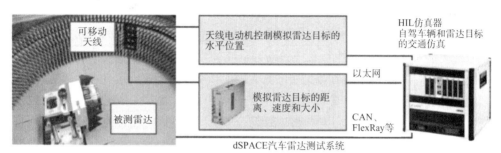

图 5-4　基于雷达的硬件在环测试系统

4. 车辆在环

车辆在环测试(Vehicle-In-the-Loop,VIL)将虚拟交通环境产生的测试场景实时注入真实物理世界中待测自动驾驶汽车控制器,使其控制真实车辆产生运动行为,并借助高速数据通信将真实车辆运动状态实时地映射到虚拟交通环境中,实现数字孪生车辆与待测自动驾驶汽车平行执行以动态更新虚拟测试场景,虚实结合完成对真实自动驾驶汽车的性能测试。

如图 5-5 所示,虚拟测试场景由包含光照、天气、道路、交通参与者等组成的虚拟测试环境以及复现真实待测自动驾驶汽车运动行为的、装配高保真度传感器模型的数字孪生车辆组成。传感器模型感知虚拟测试环境,得到结果级的虚拟目标状态信息,凭借 V2X、5G 等无线数据通信或者用户数据报协议(User Datagram Protocol,UDP)、CAN 等有线数据传输链路实时地发送给在真实物理世界运行的待测自动驾驶汽车。自动驾驶汽车控制器根据传感器信号采取相应的行为决策并发送给底盘执行机构,使得真实待测车辆实时地响应由场景仿真软件构建的虚拟测试场景所触发的动作。同时,真实物理世界中待测自动驾驶汽车的运动状态信息实时地凭借数据通信链路回传给仿真测试场景里的数字孪生车辆,实现待测车辆运动映射并与虚拟交通环境产生交互行为,从而完成自动驾驶功能的测试与验证。

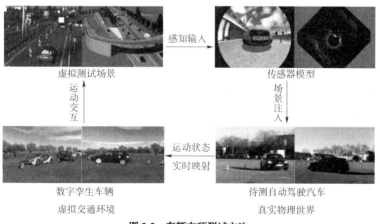

图 5-5　车辆在环测试方法

车辆在环测试方法结合了虚拟仿真测试的优势,并在测试效率与测试真实程度之间找到了平衡。相比于虚拟仿真测试,车辆在环测试用真实车辆的动力学特性替代仿真软件中建立的车辆动力学模型,减少了车辆动力学模型的参数标定过程,降低模型偏差对测试结果带来的不良影响。被测车辆运行在空旷的场地中,具备真实的轮胎与地面接触关系,进一步提高了测试结果的精确度,使测试结果更加可靠。车辆在环测试主要用于自动驾驶系统开发后期,将所有部件系统集成到原型车辆中进行测试,不仅可以验证决策控制算法功能的安全性,同时可以测试自动驾驶系统与车辆底层执行系统如动力系统、传动系统、制动系统、转向系统等之间的交互功能。此外,自动驾驶汽车在场地中的真实表现和整体性能可以被直观地评估。

车辆在环测试通过场景仿真软件建立丰富的测试场景,尤其在构建面向 L3 及以上级别自动驾驶系统应用的,复杂且难以复现的极端交通场景方面有着独特的优势,可实现自动驾驶功能的极限边界探索,满足测试场景覆盖度要求。由于车辆在环测试方法使用虚拟场景中的车辆、行人等交通元素代替真实的目标物,因此待测车辆并不是真实存在于复杂不定的交通环境当中。一方面,减少了对真实交通和目标测试设备的需求;另一方面,虚拟的场景可以避免真实碰撞事故的发生,大大降低了测试风险,保护测试人员的安全,也可以节约不必要的器材损失,但是却可以带给测试人员与实车道路测试一样的驾驶感受。采用车辆在环测试的方法,提取有效的场景进行高度集中测试,在 1000mile[①] 内便可以完成实际驾驶中 200 万 mile 遇到的工况测试,大大缩短了自动驾驶车辆验证周期,提高了测试效率,降低了测试成本。与此同时,为了满足算法迭代开发的要求,车辆在环测试可以有针对性地对关键场景进行反复测试。

(二)实车道路试验技术

作为智能网联汽车的最终验收步骤,道路测试的开展对整个测试评价体系建设具有重要意义,智能网联汽车能否推向市场,是否满足客户的使用需求,需要道路测试的验证,同时道路测试的开展可以弥补虚拟测试(MIL/SIL/HIL)过程中的不足,验证和完善虚拟测试方法,可以进一步丰富场景库的建设,是测试评价体系建设的关键环节,如图 5-6 所示为智能网联汽车各种测试方法的效率对比。

1. 道路试验的建设要求

道路试验是验证智能网联汽车驾驶安全性、车辆性能的最直接手段,特别是在相关测试评价标准不完善、技术发展不成熟的情况下,更需要使用实证试验来验证其汽车有效性,但考虑到在公共道路驾驶的安全性以及驾驶场景的随机性和不可重复性,同时实证试验的测试周期长,所以道路测试的重点应该放在封闭道路受控试验中,利用实证试验来不断迭代和验证受控试验的充分性和有效性,从而最终取代实证试验,为此要积极推进封闭道路受控测试的建设。

受封闭道路测试的关键是进行测试场景的搭建,因为道路场景的复杂性和不可枚举性,我们不可能在一个封闭的场所模拟出社会道路全部的驾驶场景,但是通过总结可以分为五大类关键要素:

---

① 1mile = 1609.344m。

(1) 道路设施要素,可分为:高速公路岔口、十字路口、T形路口、隧道、有建筑园区、林荫道、试验监测设备设施、智能交通灯、路面标志、无线充电设备、智能停车场、桥梁虚拟场景创建、高架桥、有建筑街区、路段智能标志牌、园区场地可控制灯光照明系统等。

(2) 交通参与要素,可分为:隐蔽障碍物、气球车、行人(模拟)、自行车(模拟)、小动物(模拟)等。

(3) 气候要素,可分为:场内环境监测、落实雨雾气候环境控制基础建设、光、雨、雾、雪、扬尘(可控)。

(4) 信息通信要素,可分为:DSRC、LTE-V、5G、Wi-Fi、GPS差分定位、北斗卫星导航系统、高精度地图、DSRC、LTE-V、5G、Wi-Fi 技术升级。

(5) 电磁空间要素,可分为:电磁兼容及控制等,电磁空间要素是在传统的测试上独立创新的,是智能网联汽车的特殊性能决定的,具体的原因是汽车雷达探头需要应对相互干扰,并且要提供信号分集和干扰抑制技术;通信电磁干扰除了传统车上的高压点火系统,还有车上各种发电机、起动电动机及电磁线圈等产生的干扰;各种传感器的大量使用,尤其是与电驱动系统的结合,整车的EMC显得尤为重要;除车本身的电磁干扰外,汽车外部的无线通信、移动通信设备、微波通信设备都产生强大的电磁波辐射干扰,需要在智能驾驶技术发展过程中格外引起注意。

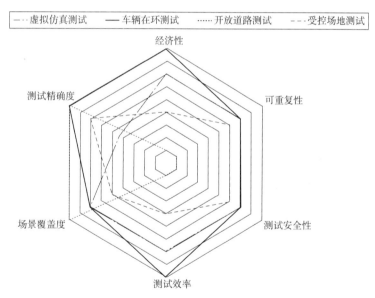

图 5-6 各种测试方法的效率对比

无人驾驶模拟雨雾测试

在智能网联场景建设中,我们可以按照五大类框架整体搭建,但是在它的规划和建设与传统测试场景又有不同。传统测试设施可以看作为单一"不动产",比如建一条直线路只要前期规划好,按照设计要求建好验收合格后,就可以一直使用,也不会更改方位等要素,但是在智能网联测试场景搭建中,因为我们需要组合创建各种场景,所以智能网联场景测试设施可以看作为可组合、可移动的"不动产"。我们需要随时更改场景组合,比如红绿灯、路灯、行人等要素的各种组合,所以在智能网联测试场景设施建设中需要充分考虑这些要素的可移动性和可组合性,如可移动红绿灯、可移动路灯等基础要素。

2. 封闭道路实车试验

智能网联汽车在进行公共道路测试前,需在封闭场地进行测试以验证自动驾驶系统的功能要求、安全要求和可靠性要求。从功能安全性方面考虑,测试项目应包含基本的功能测试、感知能力测试等;从可靠性要求考虑,只有经过大量的重复试验、不同环境下的稳定性试验,才能保证自动驾驶系统的可靠性。智能网联汽车通过在封闭场地的测试,能够最大程度减少智能网联汽车开展公共道路测试时所带来的安全危险,提高测试驾驶人和其他交通参与者在车辆测试过程中的安全性。如图5-7是厦门金龙智能客车在公开道路实车试验前,在封闭场地测试区进行测试。

封闭场地 ADAS测试

封闭场地测试是智能网联汽车进行公共道路测试的必经阶段,对智能网联汽车封闭场地测试应具有以下内容:测试项目应能全面覆盖城市、郊区、乡村和高速公路典型交通环境下的感知、决策、控制和网联功能;智能网联汽车的优势之一就是可以减少事故发生数量、提高交通安全水平,应加强对智能网联汽车安全意识测试;为满足智能网联汽车测试的丰富性,封闭场地测试应具备通过场景的组合,包含常规测试以及考察应变能力的智能测试,实现在封闭场地中多样性测试和复杂场景的柔性测试,封闭场地测试的弊端主要在于测试效率低,并存在一定的测试风险。为提高测试效率,车辆一般需要先经过虚拟测试、硬件在环测试等,筛选最为典型和具有测试价值的场景开展封闭场地测试,降低场地测试的周期。如图5-8是赛目科技公司在顺义智能网联测试场进行仿真测试的实车验证。

图5-7 厦门金龙智能客车在封闭场地测试区进行测试

图5-8 仿真测试的实车验证

目前,从国内城市已发布的关于智能网联汽车道封闭路测试管理实施细则或管理办法中发现,设置的测试项目多是智能网联汽车基本功能考核,如起步、停车、变道等,缺乏决策能力、网联通信能力等方面的评估。为了提高智能网联汽车在复杂交通环境中使用的安全性,需要深入研究完善封闭场地测试对智能网联汽车能力评价的测试场景和项目。

3. 公开道路实车试验

公开道路测试被认为是验证自动驾驶汽车安全性、可靠性最直接、最准确的方法。但是同时,现阶段公开道路测试也面临着很多问题。公开道路测试与受控场地测试最大的区别在于场景完全真实、随机性强且不受控制,驾驶人全程参与,如果在验证过程中出现错误，会造成交通事故、人员伤亡以及财产的损失。由于各国对自动驾驶汽车事故的责任划分还不够健全，受法律法规的制约，公开测试的路段主要集中于车流密度小、交通场景复杂度较低的区域。因此，在测试过程中很难遇到危险或者极端的测试场景，对自动驾驶功能的测试并不全面。在测试效率方面，根据美国国家公路交通安全管理局的统计数据显示：人类驾驶人驾驶传统汽车平均行驶 70 万 km 发生一起碰撞事故，平均行驶 1.4 亿 km 遇到致命的碰撞事故。倘若使用封闭道路测试的方法，证明自动驾驶汽车在事故致死率方面比人类驾驶人低 20%，在 95% 的置信度水平下，需要行驶至少 170 亿 km。显然，仅凭封闭道路测试证明自动驾驶汽车具有足够的可靠性需要海量的测试里程和时间，从而连带着很高昂的测试成本，不适用于产品的快速评价，所以还需要公开道路的测试来验证自动驾驶技术。

公开道路测试作为自动驾驶汽车商用的最后一步，也是最艰难的一步。由驾驶人驾驶被测车辆在实际复杂的、交互的公共开放道路上进行系统综合性能的测试与验收。这一阶段凭借足够数量的行驶里程可以真实、全面地评估整车级系统应对现实世界交通情况的能力以及人机交互的性能，由于行驶过程受到众多因素的干扰，极大地考验了自动驾驶汽车的驾驶能力。

谷歌于 2009 年开始进行无人驾驶实车测试，其无人驾驶汽车的总行驶里程已超 200 万 mile，约合 322 万 km。2012 年美国内华达州机动车辆管理部门为谷歌的自动驾驶汽车颁发了首例驾驶许可证，这使谷歌无人驾驶公开道路测试成为合法测试。谷歌的无人驾驶汽车通过照相机和雷达感应器等感知车辆周围环境，并使用高精地图来为车辆进行前方道路导航，但车辆在极端恶劣天气下容易出现传感器失效等问题，导致其不能对周围环境做出准确的判断。百度于 2017 年公布 Apollo 计划，并公开了一段无人驾驶汽车的路测视频，但由于国内目前没有允许无人驾驶汽车上路的法律法规，所以百度此次的无人驾驶实车测试引起了较大的争议。

随着自动驾驶技术的发展，各国陆续颁布关于自动驾驶汽车公开道路测试的新政策并制订法规。目前，美国、英国、法国、德国等国家已经允许自动驾驶汽车在公开道路上进行实车测试。加州车辆管理局 DMV 公开的数据显示，2019 年共计 36 家企业 568 辆车在不同类型道路上开展了道路测试，测试里程约 463 万 km，其中 Waymo 和 Cruise 分别占行驶里程总数的 51% 和 29%。2017 年 12 月，北京市交通委、公安交管局、经济信息化委联合发布了国内首个关于自动驾驶汽车道路测试的文件《北京市关于加快推进自动驾驶车辆道路测试有关工作的指导意见（试行）》，提出了对测试车辆的要求并说明了测试流程，对于中国自动驾驶汽车产业来说具有里程碑意义。目前，北京市已累计在海淀区、顺义区、北京经济技术开发区和房山区开放 151 条，总计达 503.68km 的测试道路，在其上开展测试的自动驾驶车辆总行驶里程突破 104 万 km，处于全国领先地位。2018 年 3 月，上海市正式发布了《智能网联汽车道路测试管理办法（试行）》，积极推动了自动驾驶汽车产业从研发测试向示范应用和商业化的转变。随着上海第三阶段开放道路正式投入运行，嘉定地区开放的测试道路总里程从原有的 11.1km 增至 53.6km，覆盖面积达 65km^2。截至 2020 年 9 月，我国已有近 30 个省市地区如广州、长沙、重庆等相继发布公开道路测试实施细则，各地公开道路测试里程总计超过 2800km，多家企业总计获得道路测试牌照超过 430 张，如表 5-2 所示。

国内智能网联汽车牌照发放状况　　　　表 5-2

城市	测试主体
北京	百度、蔚来、北汽新能源、戴勒姆大中华区、小马智行、腾讯大地通途、苏州滴滴旅行科技、奥迪
上海	上汽、蔚来、宝马中国、图森未来、初速度
重庆	长安、百度、一汽、东风、广汽、吉利、北汽福田
福建	百度、金龙客车、金旅
深圳	腾讯公司

图 5-9 是厦门金龙智能客车在重庆市永川区作为面向开放道路运营（自动驾驶测试）的自动驾驶公交车。

图 5-9　公开道路测试（试营运）的厦门金龙客车

三　智能网联汽车综合试验场

　　传统汽车行业正经历着向智能化和网联化的转变。智能网联汽车的发展能够提高交通效率，解决能源短缺、环境污染、交通拥堵等难题。作为评价检验汽车质量和性能的试验场，必将成为其配套体系发展的重点。现阶段，智能网联汽车综合试验场建设的基本思路是：对传统汽车试验场进行升级改建以及建设全新的专用型智能网联汽车试验场，前者受到原有场地的限制会影响到汽车试验场进一步扩展。当前世界上欧、美、日等国都在建设智能网联汽车专用试验场，国内多地已经开始在建设各类智能网联汽车专用试验场，以推动智能网联汽车的技术发展。

(一)国内外传统汽车试验场概况

无论计算机模拟功能多么强大,也无法完全代替真实测试。通常汽车在试验场进行道路试验,针对汽车性能进行综合测试,进而考核评价汽车质量。传统汽车试验场是整车道路试验的场所,重现汽车使用过程中遇到的各种道路条件。主要任务是鉴定汽车产品质量、研发认证新产品、提供路谱采集条件、研究汽车法规标准等,针对汽车动力和传动性、疲劳耐久、振动噪声、操纵稳定性等方面进行测试,考核车辆与道路之间的相互作用力。

基于传统汽车试验场的发展现状,结合汽车试验的标准法规,总结影响传统汽车试验场建设的主要因素有两方面:

(1)场地选址,注重试验的保密性、场地的便利性、环境气候的适宜性,选址应靠近山区丘陵,避免使用膨胀土等;

(2)道路设计,主要分为两部分。其一为可靠性试验道路,包括高速跑道、强化坏路、山路、一般公路、越野路;其二为专项试验设施,包括标准坡道、综合性能试验路、操稳性测试广场、车外噪声测试广场、制动防抱死测试路、通过性试验路、灰尘洞、淋雨室、盐水槽等。

传统汽车试验场对于汽车综合性能等测试评价有重要作用,因此,建设要求十分严格,不同于一般高速公路工程,是由人、车、路和环境组成的完整闭环系统,具有技术标准高、施工难度大、建设周期长和项目管理难等特点。图 5-10 所示是厦门金龙客车试验场综合测试道路。

图 5-10　厦门金龙客车试验场综合测试道路

(二)国内外智能网联汽车试验场概况

当具备高级驾驶辅助系统(Advanced Driver Assistance Systems, ADAS)、车路协同(Vehicle To Everything, V2X)、高度自动驾驶等智能化技术的汽车渗透率达到一定比例时,汽车交通安全事故可减少 50%~80%,交通通行效率可提升 10%~30%。发展智能网联汽车不仅带来显著的社会与经济效益,还将拉动机械、电子、通信、互联网等相关产业的快速发展,同时也大大影响了个人生活,改善了人们出行的方方面面。汽车试验场作为测试评价车辆综合性能的平台,是汽车技术发展的重点。然而,并不是所有传统汽车试验场都能满足智能网联汽车的测试评价,智能网联汽车需要在专属的场地进行测试,完整的智能网联汽车试验场应该具备测试场景丰富,测试功能完备,通信能力完善,试验保密性好,试验专项性强,测试数据可靠性高等要求,其建设应区别于传统汽车试验场,测试重点是考核车辆对交通环境的感知及应变能力。

1. 国外智能网联汽车试验场概况

目前,国外约有 8 个应用实例,分别是瑞典 Asta Zero 试验场、英国 Mira City Circuit、美国的 M-City、Go Mentum Station 试验场、西班牙 IDIADA 升级建造的测试场、日本 JARI 改造建设的测试场、美国在建的 American Center for Mobility(ACM)以及韩国在建的 K-City 试验场。

美国密歇根大学和密歇根州交通局共同出资建设的 M-City 试验场是世界第 1 个专门为测试无人驾驶汽车、V2V/V2I 车联网技术设计建造的智能网联汽车试验场,占地约 0.1295km^2,主要用于模拟高速公路环境的高速行驶试验和城市近郊的低速行驶试验,如图 5-11 所示。美国 Go Mentum Station 试验基地约有 8.4984km^2,具有 32.1869km 公路和街道、真实山丘、高架立交桥、隧道、铁路和住宅区等模拟设施,分为两个区域,高速公路试验区和城区试验区。

瑞典 Asta Zero 是欧洲现有最大的智能车测试场。其测试内容涵盖面较全,包括车辆动力学测试、驾驶人行为测试、V2V/V2I 功能测试、功能可靠性测试、通信技术测试等。最大优势是综合性能力强,具备完整测试功能,特别针对 ADAS 场景模拟测试具有显著优势,分为 5 个区域,多车道公路区域、高速道路区域、城市道路区域、乡村道路和主试验中心,如图 5-12 所示。

图 5-11 美国 M-City 试验场全景图

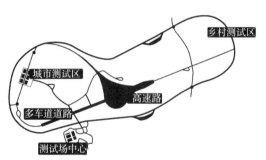
图 5-12 瑞典 Asta Zero 测试场全景图

此外,英国 Mira City Circuit 可用于传统汽车性能测试以及智能交通和网联汽车的相关测试。主要特色为提供模拟信号遮蔽和各类 V2X 通信设施。

2. 国内智能网联汽车试验场概况

《中国制造 2025》明确指出,到 2020 年,掌握智能辅助驾驶总体技术及各项关键技术,初步建立智能网联汽车自主研发体系及生产配套体系;到 2025 年,掌握自动驾驶总体技术及各项关键技术,建立较完善的智能网联汽车自主研发体系、生产配套体系及产业群,基本完成汽车产业转型升级。自 2015 年起,工信部就开始布局,陆续在全国各地建立智能网联汽车和智慧交通应用示范区,促进自动驾驶、车联网技术和产业的发展。在示范区的带动下,2018 年,都取得了不俗的成绩。目前,工信部已经批准在北京、上海、重庆、浙江、武汉、长春、无锡等地区建设智能网联汽车示范区,此外,也有不同地域的其他城市陆续开展智能网联汽车应用示范区建设。

1)国家智能网联汽车(上海)试点示范区

国家智能网联汽车(上海)试点示范区(以下简称"上海示范区")以服务智能汽车、V2X 网联通信两大类关键技术的测试及演示为目标,根据产业技术进步需求,分 4 个阶段展开建设——封闭测试区与体验区、开放道路测试区、典型城市综合示范区、城际共享交通走廊,从而逐步形成系统性评价体系和综合性示范平台。示范区于 2016 年 6 月 7 日正式开园,封闭测试区(图 5-13)在上海安亭投入运营。

模块五　智能网联汽车试验验证技术

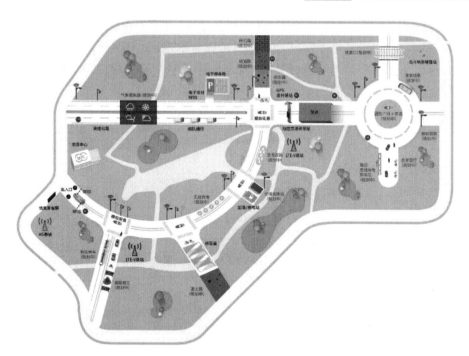

图 5-13　上海示范区封闭测试区

上海示范区的规划(图 5-14)一共分为 4 个阶段,到 2020 年最终形成系统性评价体系和综合性示范平台;第 1 阶段是封闭测试与体验区,包括封闭测试区(F-Zone)、研发科研区(T-Zone)和科普体验区(E-Zone),基本完成相关基础设施建设,能够满足多种无人驾驶和 V2X 测试场景,为智能网联汽车相关技术的测试、验证与展示提供基本环境;封闭区一期项目已经在 2016

国家智能网联汽车(上海)试点示范区

年6月正式投入运营;第2阶段是开放道路测试区,2017年底在部分道路建设智能网联汽车上路实测的基本环境条件;第3阶段是典型城市综合示范区,2019年底进一步拓展覆盖面积,增加高速公路测试场景与车辆;第4阶段是城际共享交通走廊,在2020年底建成区域性、相对独立、功能齐全的智能网联汽车测试示范公共服务平台。

阶段	阶段1	阶段2	阶段3	阶段4
时间	2015.9~2016.6	2016.9~2017.12	2018.1~2019.12	2020.1~2020.12
面积	5km²	27km²	100km²	150km²
车辆规模	200辆	1000辆	5000辆	10000辆
道路里程	15km	73km	366km	500km
道路类型	模拟高速+城市+乡村	快速+城市+乡村+园区	高速+城市+乡村	高速\高架+城市+乡村
路测单元	42个	182个	360个	500+
应用场景	封闭模拟交通	区域共享交通	城市区域交通	城际综合交通
通信制式	DSRC/LTE-V/Wi-Fi	DSRC/LTE-V	DSRC/LTE-V	DSRC/LTE-V
示意图				

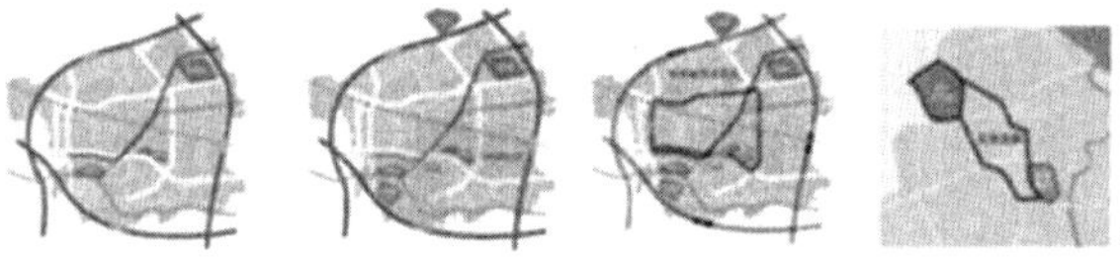

图 5-14 上海示范区的规则

截至2018年1月,上海示范区已具备200个不同场景的测试能力,完成了近400天的场地测试,测试内容涵盖V2X和ADAS,支持自动驾驶车辆和相关产品的测试。自2017年6月"昆仑计划"以来,重点建设的智能驾驶全息场景库已初具规模,在自然驾驶场景、交通事故场景和驾驶模拟器测试场景都积累了丰富的数据。在道路网联环境改造方面,已完成10km开放道路的V2X环境改造,包含6个红绿灯路口;此外,示范区还通过选择公交车的形式,前后投放了上百辆具备网联功能的车辆,作为背景车。

2)国家智能汽车与智慧交通(京冀)示范区

2016年1月,工信部、北京市人民政府和河北省人民政府三方签署合作协议,确定自2016年至2020年,将在北京亦庄经济技术开发区全面建成智能汽车与智慧交通产业创新示范区(图5-15),以开展绿色用车、智慧路网、智能驾驶、便捷停车、快乐车生活、智慧管理六大应用示范区。

示范区发展框架内容主要有6个方面:场—路—城三级试验与示范支撑;6大板块应用示范;标准、政策法律与法规制定;共性技术研究;对外合作;人才引进培养。其中,6大板块应用示范有绿色停车、便捷停车、生活服务、智能驾驶、智慧管理、智慧路网。

2016年10月,为落实北京市、河北省与工信部签署的基于宽带移动网的智能汽车与智慧交通应用示范框架协议,依照新兴产业创新主体模式,由北京千方科技股份有限公司牵头,联合汽车制造、通信、互联网、交通多家龙头企业联合出资成立,负责国家智能汽车与智慧交通示范区建设、管理与运营工作。2016年12月,获批北京市级车联网领域及自动驾驶测试与服务的市级产业创新中心;2018年2月,完成海淀基地建设;主持制定《自动驾驶车辆道路测试能力评估内容与方法》(T/CMAX 116-01—2018)和《自动驾驶车辆封闭测试场地技术要求》(T/CMAX 116-02—2018)两项团体技术标准;2018年3月,中标北京市自动驾驶道路测试第三方服务机构;2018年11月29日,长城汽车"国家智能汽车与智慧交通(京冀)示范区"正式启用;该示范区是由工业和信息化部指导,长城汽车具体实施建设的国家级智能汽车与智慧交通应用示范项目。

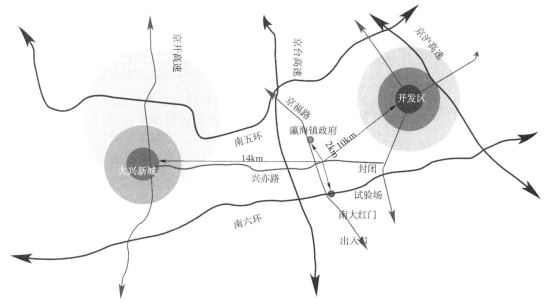

图 5-15　国家智能汽车与智慧交通(京冀)示范区区位图

示范区将开展包括智能驾驶、智慧路网、新能源汽车、共享出行等在内的多个应用示范,推动5G、智能汽车与智慧交通产业生态融合发展。示范区一期工程为封闭测试区,位于长城汽车徐水试验场内,占地13.4万 m^2,总投资6000余万元人民币。测试区新建测试道路总长度5km,由十字路口、五岔路口、环岛及特殊路面组成,充分模拟城市及城郊交通工况。

2020年11月,国家智能汽车与智慧交通(京冀)示范区顺义基地(图5-16)正式揭牌,成为北京市认定的自动驾驶封闭测试场地。

国家智能汽车与智慧交通(京冀)示范区顺义基地

图 5-16　国家智能汽车与智慧交通(京冀)示范区顺义基地

顺义基地总用地面积近20万 m^2,远期规划用地80万 m^2。总建筑面积2.8万 m^2,包括研发楼、综合测试楼、试验停车楼及调试准备车间等。道路共计 11 万 m^2，分作高速、快速道路测试区、城镇道路测试区、乡村道路测试区等。设有智能交通系统、视频监控系统、车路协同系统、气象模拟系统、试验运营管理系统。拥有 5G 基站 5 座，数据中心 260m^2。

3）国家智能网联汽车（武汉）测试示范区

国家智能网联汽车（武汉）测试示范区（图 5-17），位于武汉经开区智慧生态城，于 2019 年 9 月 24 日正式揭牌，规划总面积 90km^2，规划开放测试道路 159km，覆盖居住区、商业区、物流区、旅游风景区和工业区。已累计建成 5G 全覆盖的 106km 车路协同智能化开放测试道路，配备北斗高精度定位系统、路侧感知设备和车路通信系统，具备 L4 及以上等级自动驾驶测试运行条件。

图 5-17 国家智能网联汽车（武汉）测试示范区

武汉自动驾驶示范运营将采用"5G + 北斗"车路协同网络，建设成全国最先进的 V2X 车路协同测试区域，时延达到毫秒级、定位精度达到厘米级，在道路沿线开通自动驾驶公交示范运营线路，并布设物流末端无人派送、无人清扫、智慧停车等示范应用场景，组建 Robotaxi 自动驾驶车队，探索商业化运营。当前，经开区示范运行车辆已超过 80 辆，覆盖 Robotaxi、Robobus、无人清扫、景区接驳、无人配送等多个应用场景。同时，武汉经开区还将建设 86.7 万 m^2 的全功能、全气候、全场景的封闭测试场，并联合全球顶尖自动驾驶仿真测试企业，建设具备华中地区道路特征的场景数据库和仿真测试平台，形成"开放 + 封闭 + 仿真"三位一体的自动驾驶测试体系。

4）广州智能网联汽车与智慧交通应用示范区

2018 年 3 月 30 日，在工信部和广东省政府的支持和指导下，广州市创建"国家基于宽带移动互联网智能网联汽车与智慧交通应用示范区"正式启动建设，广州成为继前面几个示范区之后，又一围绕"中国制造 2025"重点布局智能网联汽车的示范区。广州示范区将以"广州为中心、大湾区协同、全国多地支撑"为原则，明确战略布局。以番禺广州智能网联汽车电子产业综合基地为核心，按照"一核三翼"的产业布局，统筹推进广州示范区建设。"一核"：指广州智能网联汽车电子产业综合基地，占地 1 ~ 2km^2，拟布局在番禺区。该基地涵盖智能网联汽车电子研发、测试、示范和产业化等内容，重点建设车载智能终端产业化平台，并在产业链条上与广州市整车产业优势形成互补，成为广州示范区产业生态培育的主要支撑平台。同时，基地要充分发挥汽车电子和整车龙头企业的带动作用，以整车应用带动汽车电子产业发展，以汽车电子产业发展促进整车智能化、网联化升级。"三翼"：分别是以南沙区自贸区万顷沙保税港加工制造业区为载体的南翼汽车电子产业发展区；以广州开发区、增城区开发区为载体的东翼汽车电子产业发展区；以白云国际汽车小镇、花都汽车城、从化区明珠工业园为载体的北翼汽车电子产业发展区。

广州智能网联汽车与智慧交通应用示范区

5）重庆智能汽车与智慧交通应用示范区

重庆智能汽车与智慧交通应用示范区的示范项目将结合重庆交通、通信基础设施的实际情况,开展由试验场地封闭环境到城市交通开放环境的一系列试验,具体包括智能驾驶、智慧路网、绿色用车、防盗追踪、便捷停车、资源共享、大范围交通诱导和交通状态智慧管理等八大领域。

2016年11月,第一期"智能汽车集成系统试验区(i-VISTA)"建设完成并启用。该试验区位于中国汽车工程研究院礼嘉园区内,总面积达26.9万 m^2,6km 的道路测试区中,涵盖了50多种交通场景测试,包括直道、弯道、隧道、桥梁、上下坡、交叉路口、停车场、加油站、充电站等,并设置了虚拟的车辆、虚拟行人。除此之外,区内还集成了智能传感器、北斗高精度定位、LTE-V/DSRC 车路等实时通信设施,可供相关研究单位开展盲区预警、变道预警、行人预警、紧急制动、车速诱导、自动停车、隧道行驶等测试。2019年 i-VISTA 实现涵盖西部地区90%以上特殊路况,2020年成为国内一流、国际知名的新能源汽车与智能汽车研发生产基地,实现智能汽车产销规模达50万辆。第二阶段的重庆西部汽车试验场(垫江)智能汽车可靠性试验区和第三阶段的两江新区智能汽车与智能交通开放道路示范区,将陆续建成。

6)长春中国国家智能网联汽车应用(北方)示范区

2016年11月1日,中国工信部与吉林省政府就"基于宽带移动互联网智能汽车与智慧交通应用示范"合作框架签署协议,同月由吉林省工信厅牵头组织相关部门成立了项目推进小组。2018年8月31日中国国家智能网联汽车应用(北方)示范区在长春正式开工,成为中国国内首家寒区智能汽车和智慧交通测试体验基地。可为辅助驾驶、自动驾驶和 V2X 网联汽车提供72种主测试场景和1200个子测试场景。

示范区分3个阶段进行建设:第一阶段,可以同时支持100辆车进行测试服务,其中不少于2辆安装基于 LTE-V 技术的 V2X 通信设备和北斗高精度定位设备,能够实现信息提示、安全预警等智能网联化应用;第二阶段,可以支持的示范车辆达到500辆,其中8辆以上安装基于LTE-V 技术的 V2X 通信设备和北斗高精度定位设备,其中20辆以上安装4G 的 T-BOX 和北斗高精度定位设备,其余车辆安装基于4G 技术的 OBD 终端,能够实现信息提示、安全预警与控制、绿色节能等智能网联化应用,包含合资、自主品牌车辆参与示范运行。建设20个配有红绿灯的交叉路口,各交叉路口的红绿灯都安装信息发送、接收设备;第三阶段,可以支持示范车辆达到10000辆,包括轿车、客车、载货汽车等多种车型,其中50辆以上安装基于 LTE-V 技术的V2X 通信设备和北斗高精度定位设备,其中500辆以上4G 的 T-BOX 和北斗高精度定位设备,其余车辆安装基于4G 技术的 OBD 终端,能够实现信息提示、安全预警与控制、绿色节能等智能网联化应用。在50个以上交叉路口安装智能网联红绿灯,在40个以上交叉路口安装流量监控设备,在30个以上道路安装危险状态监控以及危险信息发布设备等。

7)无锡国家智能交通综合测试基地

无锡国家智能交通综合测试基地(图5-18)位于无锡市滨湖区,目前规划总面积为11.9万 m^2,2年内扩展至13.9万 m^2,封闭测试道路总长3.53km,分为公路测试区、多功能测试区、城市街区、环道测试区和高速公路测试区等,包括不少于150个由多种类型道路、隔离设施、减速设施、车道线、临时障碍物、交通信号、交通标志等组成的实际道路测试案例。测试基地建成后将对功能符合性、性能可靠性和稳定性等关键性能进行测试评估,同时为自动驾驶技术提供第三方权威测试和认证。

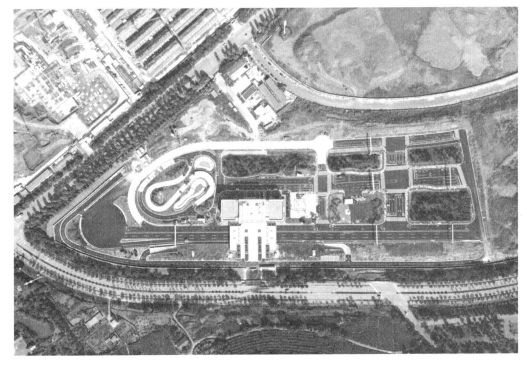

图 5-18　无锡国家智能交通综合测试基地

测试基地将与无锡市政府合作打造"智能车特色小镇",建设基于测试基地内封闭式和测试基地外半开放式实际公共道路测试环境,构建实际道路测试场景和管理平台,包括由多种类型道路、障碍物、交通信号、交通标志、特殊气象条件环境等构建形成的综合实际道路测试场景。

除上海、重庆、北京、浙江、武汉、长春、无锡等工信部批准的智能网联汽车示范区之外,在国内陆续有不同地域的城市开展智能网联汽车应用示范区建设,无疑这些新建的测试和应用场景能使智能网联汽车产业发展更快,但园区建设能带来多大区域价值值得关注。

四　智能网联汽车试验验证平台设计

智能网联汽车试验验证平台能够覆盖我国典型的道路类型以及交通状况,能够实现智能网联汽车相关产业的应用示范,通过不同的测试项目实现对智能网联汽车上路核准的试验验证,并提供多项服务内容。

智能网联汽车试验验证平台的设计主要涉及基础支撑环境、应用示范与试验验证系统和服务系统,智能网联汽车试验验证平台的总体构架设计如图 5-19 所示。

(一)基础支撑环境

1. 智能路网基础设施

为支撑基于宽带移动互联网的智能网联汽车、智慧交通应用示范区建设发展,需要从与人、车、路、云互联相关的智能路网基础设施建设方面提供良好的保障。

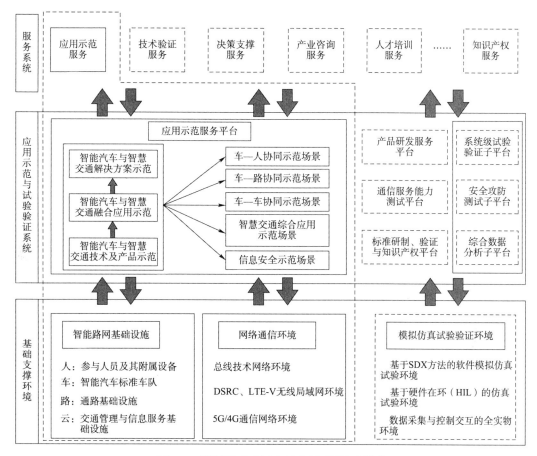

图 5-19 智能网联汽车试验验证平台总体架构设计

1)参与人员及其附属设备建设

智能交通直接参与人员主要包括行人、乘客和驾驶人,参与人员及其附属设备建设主要包括行人、乘客、驾驶人模型及其手持设备、可穿戴设备。

2)智能汽车标准车队建设

智能汽车标准车队的组建给企业需要测试的设备(如新研发的智能汽车)提供与车互联的试验验证环境。标准车队包括标准智能乘用车、商用车、公共汽车、出租车、特种用车、模拟摩托车等,安装基于国产操作系统的车联网终端设备,可实现多种网络通信(5G/4G+、DSRC、LTE-V 等),能采集监控车辆的实时运行数据,具有以下一种或几种功能模块:

(1)智能动态信息服务模块;

(2)智慧交通管理模块;

(3)汽车智能驾驶模块。

3)示范区道路基础设施建设

基于宽带移动互联网的智能网联汽车、智慧交通应用示范区道路基础设施的建设主要包括道路设施建设和路旁设施建设两部分。

(1) 道路设施建设。

①多种路面建设(水泥、沥青、砖块、泥土);

②人行横道标识、行车道标识等建设;

③多种转弯半径、坡度建设;

④单向车道、双向多车道的建设(二、三、四车道);

⑤立交桥系统和"隧道"建设;

⑥丁字路口、十字路口等多种路口建设;

⑦高速、低速路段的建设。

(2) 路旁设施建设。

①固定或可移动的路灯、路旁建筑、交通标牌、路肩石的建设;

②天桥、公交车道、自行车道、人行道的建设;

③路侧数据采集及监控系统的建设;

④智慧交通信号灯、路旁智能通信管理设施(基于 Wi-Fi、DSRC 等通信方式的路旁通信管理设施);

⑤构建以视频感知为核心,辅以车载终端、电子车牌、气象传感、手工录入等手段的道路传感网络。

4) 示范区交通管理与信息服务基础设施建设

基于宽带移动互联网的智能网联汽车、智慧交通应用示范区交通管理与信息服务基础设施的建设主要包括:

(1) 智慧交通管理设备的建设(智慧交通管理中心);

(2) 智能动态信息服务提供设备的建设;

(3) 远程诊断监控设备的建设;

(4) 道路事故、紧急救援系统的建设。

2. 网络通信环境

真正意义上的智能网联汽车实际上不仅仅只是一个移动的互联,还有车车通信、车路通信以及车内部通信等,可以称之为三网融合的网,即车云网、车际网、车内网。车内网通过应用成熟的总线技术建立一个整车网络;车际网通过 Wi-Fi、LTE-V 技术、DSRC 技术和 IEEE 802.11 系列无线局域网协议形成一个动态网络;车云网通过 5G/4G + 等通信技术与互联网进行无线连接。

1) 总线技术

目前,汽车内部大量使用 CAN/LIN/FlexRay/MOST/Ethernet 等总线技术,通过车辆电子设备远程控制、乘员手持设备(手机、pad 等)、外扩设备与车辆的智能互联,车辆可共享手持设备的娱乐、导航、信息咨询等功能应用。总线技术完成信息的互联互通,达到纵向的上传下达,横向的协同配合,实现辅助控制、智能驾驶、动态远程信息服务等。搭建总线技术网络环境,并建立相关的车辆状态数据库、服务接口等,为汽车电子控制单元提供数据交互的接口,用于测试电子控制单元的性能、安全性、可靠性、脆弱性等指标。总线技术网络环境可以通过云端平台对相关数据进行分析,为及早发现车辆潜在的危险,帮助驾驶人养成良好的驾驶习惯提供数据参考,相关分析结果推送到关联的手机或 PAD 等终端设备上。

2) LTE-V、DSRC 等无线局域网

实现车-车协同避撞、人-车冲突消解、前方危险预警、车队服务、紧急车辆优先通行、前方路况信息广播、紧急救援、路况交通信号灯状态提示、路段通行优化、动态交通诱导、交通管制、面向驾驶人的交通信息服务等功能,从而保证车与车、车与路、车与网、车与人等之间的互联互通。

3) 5G/4G + 通信

构建一个覆盖示范区的 5G/4G + 通信模拟试验网,可以实现交通信息、天气信息、娱乐咨询、车辆远程诊断、远程定位、紧急救援、动态导航、互联网服务应用等功能。

充分借鉴 3G、4G 的成功经验,共享我国现有 5G/4G + 推进平台和重大专项的资源基础,联合相关行业、龙头企业和行业组织,构建宽带移动车联网产业化和试验组织推进平台。同时,参照 3G、4G 大规模试验和汽车道路测试方法,规划测试路线、区域,分阶段覆盖 5G/4G + 网络,为智能汽车行业的产品、业务和技术开发提供综合测试试验的验证环境。

3. 模拟仿真试验验证环境

模拟仿真试验验证环境按照智能汽车对试验环境的需求,可以分为基于 SDX 方法的软件模拟仿真试验环境、基于硬件在环(HIL)的仿真试验环境、数据采集与控制交互的全实物环境等,具体内容如下。

1) 基于 SDX 方法的软件模拟仿真试验环境

建设基于 SDX 方法的软件模拟仿真试验环境,服务于智能汽车的软件系统质量评定,将试验的软件系统部署于模拟仿真试验环境中。通过模拟仿真前端感知数据、交互数据、网络拓扑结构等,试验、验证软件系统的正确性、完整性、安全性和质量,并计算网络信道容量、传输速率、吞吐量、误码率等通信指标。根据其不同的技术应用,建设环境可以分为车载信息系统模拟仿真环境、车载网络模拟仿真环境、车载智能化终端模拟仿真环境、车联网专用短程通信模拟仿真环境、路侧单元通信模拟仿真环境等。

2) 基于硬件在环(HIL)的仿真试验环境

建设内容根据智能汽车系统的功能属性进行划分:

(1) 建设智能汽车安全类系统的半实物试验环境,可以模拟车-车协同式主动安全场景、车-路协同式安全场景、车-人协同式安全场景,验证其产品功能是否可行;

(2) 建设智能汽车效率类系统的半实物试验环境,可以模拟汽车内部信息交互,验证产品在经济操作提示、经济车速提示与控制、连续交叉口通行辅助、变速器换挡策略优化等方面是否达标。

3) 数据采集与控制交互的全实物环境

建设数据采集与控制交互的全实物环境,环境可以根据用户的试验、验证需求,进行特定的参数配置,提供试验基础数据和试验条件。具体分为:

(1) 用于监测被测车辆数据和道路前端感知数据。根据用户的需求,进行特定的试验数据采集配置,采集的试验数据服务于试验验证及综合数据分析平台,提供基础试验数据支撑。

(2)对道路交通路况、路侧信息、标准车队的控制,模拟真实场景的交通信息、信号以及标准车队、行人的行为等,场景模拟控制服务于试验验证、攻防测试及综合数据分析平台,提供试验条件支撑。

(二)应用示范与试验验证系统

1. 应用示范平台

应用示范平台是智能汽车、智慧交通应用试验验证和应用示范工程的核心组成部分,是成果的展示与应用平台。通过示范能够取得较好的应用效果,对降低研发成本,提高产品质量,推进产业发展,增强核心竞争力等会发挥显著的作用。总体应用示范涵盖以下 3 个方面:

1)智能汽车与智慧交通技术及产品示范

(1)汽车通信互联技术示范:涵盖人、车、路、云之间的互联技术,利用车载终端、可穿戴设备、路旁通信设备、云端设备搭建互联技术示范环境,进行汽车通信互联技术的示范。

(2)汽车智能驾驶技术示范:涵盖智能汽车辅助驾驶、半自动驾驶和无人驾驶涉及的各种驾驶技术,如前撞预警、弯道预警、交叉路口碰撞预警、自适应巡航、自动紧急制动、交通拥堵辅助等。

(3)智能汽车安全攻防技术示范:利用汽车互联技术示范环境,进行汽车安全攻防示范,包括主动、被动攻击手段和防护策略的示范。

(4)智能汽车智能部件示范:包括智能娱乐部件、信息服务部件、智能通信部件、基于国产操作系统的车联网终端、汽车安全类部件等可提供汽车智能服务的部件,如车载蓝牙电话、防撞雷达、汽车防盗设备、车载 5G/4G + 智能终端等。

(5)试验验证专用设备示范:在智能汽车功能、性能、兼容性、互操作性等方面,拥有自主知识产权的试验验证设备的示范。

(6)信息安全示范:一是信息安全攻击演示,如从汽车 OBD-Ⅱ攻击,形成关键控制单元控制的演示案例;远程信息服务系统攻击,通过对监控服务系统的攻击,导致多辆汽车部分功能点受控。二是信息安全防护演示,如 OBD-Ⅱ防护演示、安全技术架构展示、安全解决方案等展示。

2)智能汽车与智慧交通融合应用示范

(1)智能汽车动态信息服务示范:与智能汽车驾驶技术不直接相关的动态信息服务,覆盖车辆安防类、导航类、信息娱乐类、节能环保类等动态信息服务,如音视频服务、紧急救援、远程诊断、车辆防盗与告警、自动路径规划等。

(2)智能汽车辅助驾驶示范:集成多种智能辅助驾驶技术和产品的智能汽车的行驶示范,示范路况覆盖中国各种典型的交通场景,如高速路段、低速路段、立交桥、环岛等。其中智能辅助驾驶技术包括动态路况信息服务、人-车-路信息交互、驾驶人状态监控、驾驶行为优化、各种车辆紧急情况预警等技术。

(3)智能汽车半自动驾驶示范:集成多种自动驾驶技术和产品,但仍未实现无人驾驶的智能汽车的行驶示范,示范路况覆盖中国各种典型的交通场景。其中自动驾驶技术包括主动制动、自动停车、自动巡航、自动超车、自动车距保持、车道偏离自动修正、自动转向等。

（4）无人驾驶智能汽车示范：依靠人工智能、视觉计算、雷达、监控装置、车联网和全球定位系统协同合作,具有一体化自动驾驶解决方案的无人驾驶智能汽车的行驶示范,行驶路况覆盖中国各种典型的交通场景。

（5）智能汽车的汽车队列示范：不同的车型组成多样化的测试车队。测试用车需要与驾驶辅助应用相配合使用。

（6）基于 LTE-V 和 5G 概念样机的自动驾驶应用示范：演示车载信息娱乐服务和基于自有协议的 LTE-V 业务,开展 LTE-V 功能和性能测试及交通告警、辅助驾驶等应用示范。

3）智能汽车与智慧交通解决方案示范

人、车、路协同交通管理与控制一体化解决方案示范：主要是智能汽车融入智慧交通、智慧城市典型应用解决方案的示范体验,聚焦于对车辆信息与道路流量信息进行采集和处理,以及视频数据结构化与半结构化处理后的深度应用,充分利用全面感知道路传感网络的多源数据信息,进行数据融合分析,进而构建车路协同的智能交通管理系统,对道路交通进行管控,对车辆进行跟踪与管理。

2. 产品研发服务平台

产品研发服务平台是基于智能路网基础设施、5G/4G + 网络通信环境以及试验验证环境,利用信息、网络等现代技术构建的开放的科技基础设施和公共服务平台,实现科学数据共享、仪器设施共用、资源条件保障、试验示范区协作、专业技术服务、行业检测服务、技术转移服务和管理决策支持等。

图 5-20 分别从基于宽带移动互联网的智能汽车、智慧交通技术架构的"端管云"三层搭建专用的试验验证环境,逐层检测与验证各产品和系统的质量、交互性能和安全性能等,并整合"端管云"试验验证环境,进行智能汽车、智慧交通关键服务（如智能信息服务、智能驾驶技术等）的综合验证。在纵向分层上,支持不同供应链类型的智能汽车、智慧交通产品适配接入,兼容现有各类传输网络,提供灵活的应用服务部署和业务交互共享模式,并可根据企业需求在平台上动态添加新的应用,便于企业进行技术验证；在横向层面上,针对同一供应链企业的不同产品,平台采用可扩展的开放式体系结构,能根据技术、业务的发展需要对平台功能进行调整、增加,可进行选型、比对测试等。

3. 通信服务能力测试平台

（1）构建测试体系。编写全套测试规范,组织分阶段测试验证,在真实驾驶和无线网络环境中验证技术方案和标准的真实能力,发现、解决研发中的问题,完善优化产品的功能性能,实现车联网系统内各设备之间的互联互通。

（2）建立模拟测试实验室。搭建 4G + 、5G、DSRC 等模拟测试平台及北斗卫星导航系统综合测试与技术验证平台,构建多厂家集成、多环境模拟、跨领域互通、多业务演示的试验验证环境。

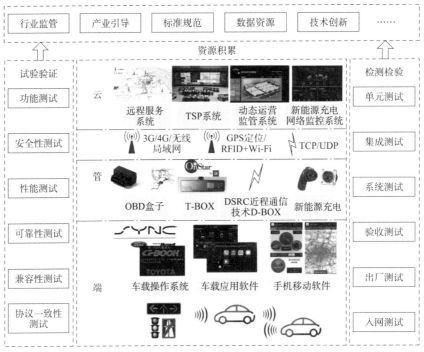

图 5-20 产品研发服务平台示意图

(3)在示范区内建设外场测试基地。外场试验基地与道路基础设施紧密结合,参照 3G、4G 大规模试验和汽车道路测试方法,规划测试路线、区域,分阶段覆盖 4G+、5G 网络,构建智能汽车与智慧交通试验和示范场地,在示范区内建设网络辅助北斗多模定位导航示范平台,供更高精度的北斗导航汽车系统使用。智能汽车与智慧交通涉及的通信技术较多,如 CAN、蓝牙、Wi-Fi、DSRC、5G/4G+ 等,在这种多通信模式融合的环境下,通信服务能力的测试可以从智能汽车与智慧交通相关的网络设备、终端、协议一致性等方面开展测试,如图 5-21 所示。

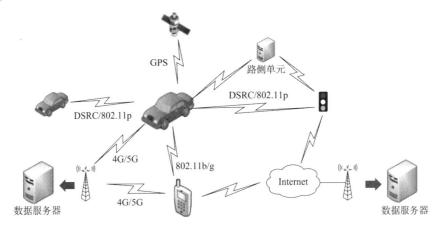

图 5-21 智能汽车网络架构

4. 标准研制、验证与知识产权平台

研究建立智能汽车与智慧交通标准体系。通过本项目的实施，建立智能汽车与智慧交通领域内基础、共用的原则和规范，研究形成 4G、5G 车联网技术的顶层设计和融合产业的总体布局，由汽车行业牵头，协同信息、电子、交通等不同行业共同进行，充分利用不同产业已有的工作基础，以软硬件接口、协议、平台、安全等共性基础标准为重点，利用资源集中的优势进行分阶段、分重点、逐步开展实施工作，研究建立智能汽车标准体系、智慧交通标准体系、系统测试标准体系，并重点制定 LTE-V、5G 车联网国际标准，统一跨领域接口的技术标准和产品规范。

基于智能汽车与智慧交通基础支撑环境，配置智能汽车与智慧交通相关标准的验证环境。从验证标准有效性、可用性及适用性的需求出发，探索完备的智能汽车与智慧交通标准验证环境的建设方案，包括实施和验证工具的开发、验证环境的配置，形成覆盖标准从研制到应用全过程的验证能力，为标准研制、更新和应用提供客观依据，促进智能汽车与智慧交通标准的成熟与完善。

基于知识产权信息库和专利数据库组建知识产权平台。智能汽车与智慧交通知识产权信息库通过人工浏览国内外政府、法院、知识产权行业等知识产权信息源主要网站，定时更新与智能汽车/智慧交通知识产权相关的法规、政策、标准和热点案例及评论供用户及时查询。智能汽车与智慧交通专利数据库通过专利检索技术，筛选出与智能汽车与智慧交通相关的专利并建立本地化的专利数据库。

5. 系统级试验验证、攻防测试及综合数据分析平台

1) 系统级试验验证子平台

对智能汽车与智慧交通系统级测评的应用理论进行研究，集成及研发智能汽车与智慧交通性能、安全性、可靠性、脆弱性、弹性等方面试验验证工具集，并建立智能汽车与智慧交通"端管云"三层的在线监测体系，实现综合性的质量评价。同时，以智能汽车与智慧交通系统级测评流程为主线，对测试需求、测试计划、测试过程以及测试缺陷等进行全方位管理，提供相应的模板文档以及统计报表工具，提高测试效率和质量。解决开发及测试过程中测试需求变更、测试过程追溯、测试过程沟通和交互等问题，进行宏观的进度控制，保障测试业务顺利进行。

通过系统级试验验证子平台建设（图 5-22），实现对整车及部件的试验验证能力，具备对传感器部件、ECU/MCU、车载总线、制动系统、加速系统的测试能力；同时，实现对车载系统运行数据监测和智慧交通系统运行数据监测，实时采集运行数据，为综合数据分析提供基础支撑。在对智能汽车与智慧交通系统功能、性能和安全性测试的基础上，研究智能汽车与智慧交通系统某模块故障和扰动对整体系统的影响，实现脆弱性测试；借鉴多指标综合指数的理论和方法，实现对智能汽车与智慧交通系统的质量综合评价。建设面向智能汽车与智慧交通领域的开放式、可配置的构件库，包括车载操作系统、车身控制系统、驱动控制单元等构件，具备横向替换、纵向联通的能力。在同一层级，可以替换同类的物理组件或者虚拟组件，实现组件的横向替换；在层级间，各物理组件或者虚拟组件实现实时的互联互通，实现纵向的通信。

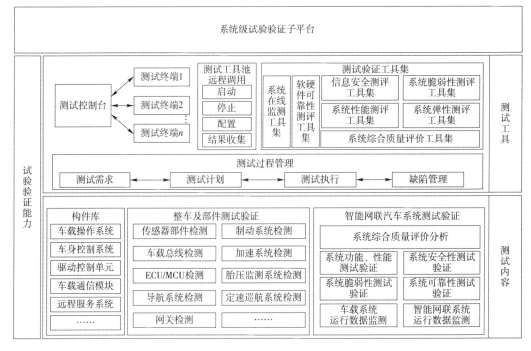

图 5-22　系统级试验验证子平台

2) 安全攻防测试子平台

研发安全攻防测试子平台(图 5-23),旨在挖掘、验证智能汽车与智慧交通可能存在的信息安全隐患,并试验得出最佳的安全防护方案和解决措施。安全攻防测试子平台对车载区域与车载区域(V2V)、车载区域与道路区域(V2I)、车载区域与用户区域(V2P)及车载区域与业务支撑层(V2C)的网络安全进行攻防测试及安全风险试验验证。具体包括:

(1) 车载区域与车载区域网络安全攻防测试(V2V)、车辆节点身份认证测试、密钥管理测试、安全路由测试、安全保障能力测试;

(2) 车载区域与道路区域网络安全(V2I)、广播及点对点式的网络安全测试、车路身份识别安全测试、信源认证安全测试;

(3) 车载区域与用户区域网络安全(V2P)、授权鉴权安全测试、数据安全测试;

(4) 车载区域与业务支撑层网络安全(V2C)、注册认证和授权安全测试、网络信息安全测试、网络安全审计测试、应急响应安全测试。

3) 综合数据分析子平台

研发综合数据分析子平台(图 5-24),其中数据整合及交换模块将汇聚系统级试验验证子平台、产品研发服务平台、应用示范平台、网络及通信基础设施测试平台和标准研制与验证平台的结构化数据和非结构化数据,并按照标准格式以车辆数据库的形式进行存储和外部交换;车辆数据库包括智能汽车的位置信息、速度信息、路线信息、环境信息、状态信息等数据信息。大数据分析模块将基于数据清洗和分析等技术,集成和研发数据预处理工具集、数据统计分析工具集、数据挖掘工具集、数据调度引擎等工具软件,对车辆数据库中的数据进行统计分析和预警预测。

模块五 智能网联汽车试验验证技术

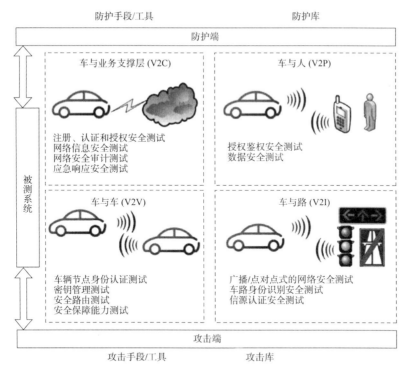

图 5-23 安全攻防测试子平台

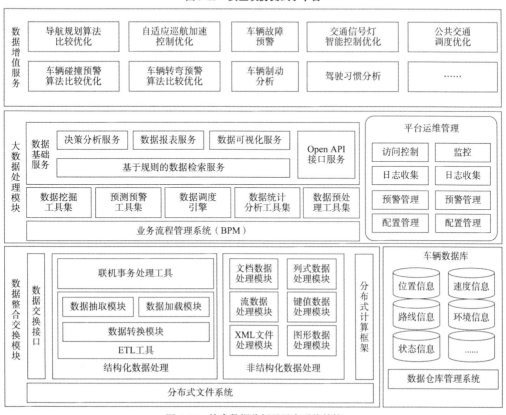

图 5-24 综合数据分析子平台系统结构

通过综合数据分析子平台的建设,将试验验证过程中获得的智能汽车与智慧交通相关的关键数据进行收集与特征提取,利用数据挖掘等大数据技术实现智能汽车与智慧交通运行状态分析与风险预测,进一步研究智能汽车与智慧交通的数据关联与建模、高效存储与管理、质量评估与增强、高时效处理及面向智能汽车与智慧交通分析服务的数据安全等的理论与技术,构建面向智能汽车与智慧交通的计算理论与技术体系,研究基于大数据与知识图谱的全生命周期行为分析方法,实现智能汽车与智慧交通系统隐性知识发现,提供车辆故障预警、车辆制动分析、驾驶习惯分析、导航规划算法比较优化、车辆碰撞预警算法比较优化、交通信号灯智能控制优化等服务,支撑智能汽车与智慧交通增值服务的智能决策与应用。

(三) 系统服务

1. 应用示范服务

应用示范服务主要包括:汽车通信互联技术示范、智能汽车驾驶技术示范、智能汽车安全攻防技术示范、智能汽车部件示范、试验验证专用设备示范、智能汽车动态信息服务示范、智能汽车辅助驾驶示范、智能汽车半自动驾驶示范、无人驾驶智能汽车示范、智能汽车的汽车队列示范、基于 LTE-V 和 5G 概念样机的自动驾驶应用示范,以及人、车、路协同交通管理与控制一体化解决方案示范。通过示范争取取得较好的应用效果。

2. 技术验证服务

基于智能路网基础设施、5G/4G + 网络通信环境以及试验验证环境,为产品技术、应用技术、检测技术以及标准推广提供真实环境验证服务,从而实现科学数据共享、仪器设施共用、资源条件保障、试验示范区协作、技术成果转化等。

3. 决策支撑服务

通过对大量试验验证数据的系统研究和科学分析,较为准确地预测产业和市场的运行状况,跟踪重点产品和关键技术的发展情况,基于准确的数据为政府决策提供有力的支持。

4. 产业咨询服务

基于综合数据分析,以及对产品、应用的动态跟踪,汇总分析与智能汽车、智慧交通产业有关的政策法规、关键技术、知识产权等发展情况,提供政策解读、技术支持、产业规划等服务。

5. 人才培训服务

提供线上和线下的智能汽车培训服务,使得相关企业及人员能够及时、便捷地掌握智能汽车的最新技术、产业动态、标准研制等知识。

6. 知识产权服务

提供国内外智能汽车与智慧交通的知识产权的法规、政策、标准以及热点案件等的信息服务,通过平台即可掌握知识产权的全面资讯、信息动态。

(四) 智能网联汽车与智慧交通系统

1. 基于智能网联汽车与智慧交通应用示范区的设计方案

设计方案主要内容如下。

认识高精度地图

1) 基础支撑系统设计

从通信网、道路设施、车端设施、高精度地图、北斗卫星导航系统、三维城市高精度建模、车辆维修场、交管改造、CA 系统建设角度构建智能交通系统的运行基础，同时为车路协同、无人驾驶、车城融合等技术的应用提供基础。

(1) 通信网建设包括核心网子系统、传输子系统、基站子系统、5G 终端子系统、5G 专网等，为示范区路侧设备和车端提供高速 5G 网络传输通道。

(2) 道路设施包含路侧 V2X 通信设备、智能感知设备以及配套的立杆、取电、取网等基础设施建设，实现道路交通状态的监测、预警、安全监控和场景提取等。

(3) 车端设施包含车端 V2X 通信设备、5G 通信设备、北斗卫星导航系统设备和驾驶人显示屏等智能设备，为智能车辆提供车辆自身感知系统外的补充，让"聪明的车"更智慧。

(4) 高精度地图包含覆盖示范区路线范围的车道级电子地图，为智能网联汽车提供对于道路情况稳定的"长周期记忆"。

(5) 北斗卫星导航系统实现国际通用格式的基准站站点坐标和北斗/GPS 测量数据输出，满足动态、连续、快速、高精度获取空间数据和地理特征需求，提供实时的米级、分米级、厘米级等多层级高精度位置服务。

(6) 三维城市高精度建模包括宏观覆盖智慧生态城的、中观覆盖示范区所有开放道路、微观覆盖智慧停车场的分层次一体化展示，为融合感知平台提供基础底图数据支撑。

(7) 维修场包括独立检修车间及相应的检修设备、停车位、充电桩等设施，为示范区运营的自动驾驶车辆的故障检修、日常维护、改装等提供场地和设备。

(8) 交管改造包括交通安全设施改造和交管后台系统扩容。

(9) CA 系统包括根证书机构、假名/应用证书颁发机构、证书注册机构、证书发布系统、证书撤销机构、设备配置服务器、设备注册机构建设等，对 V2X 的广播消息进行签名，保护消息的真实性和完整性。

2) 应用系统设计

应用系统分为示范区开放道路测试综合管理系统、城市与车联网大数据融合系统、封闭测试场基础测试系统和运营调度系统四部分，其结构如图 5-25 所示。

(1) 示范区开放道路测试综合管理系统。建设统一的运行、数据、服务平台，以统一的架构和技术规范，通过运行、数据、服务三层平台，形成可持续运营的智能底座，使各种应用能够便捷地插入底座，实现共享数据、协同工作、灵活扩展，赋能智慧网联、智慧交通乃至智慧城市应用和创新。示范区开放道路测试综合管理系统包含智能网联云平台、智能网联数据平台、智能网联基础服务平台和开放数据共享平台四部分。

(2) 城市与车联网大数据融合系统。智慧交通是智慧城市的重要构成部分，智能汽车是智慧城市的微观单元。设计将智能汽车与智慧城市紧密结合，建立基于融合感知城市信息模型和数字孪生城市的城市与车联网大数据融合系统平台。该平台系统通过城市信息模型融合实时交通和其他泛在感知信息，数字孪生与城市所有智能基础设施和感知设备保持同步，实现对城市全貌从宏观到微观、从静态到动态的一体化精确掌控。城市与车联网大数据融合系统包含感知数据融合平台、城市辅助决策系统、城市融合感知一体化交互系统和 CIM 平台。

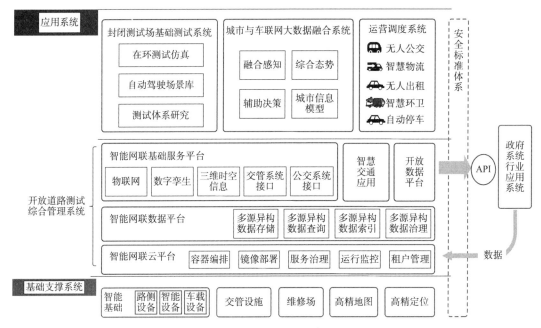

图 5-25 应用系统结构图

图 5-26 人车混行的城市道路上反复模拟测试

(3) 封闭测试场基础测试系统。目前,自动驾驶技术仍处于高速发展中,示范区测试场与测试道路将长期面向各厂商研发进程。为了促进武汉市自动驾驶技术的发展,项目拟按照立足当下、适度超前的思路,建设封闭测试场基础测试系统,提高自动驾驶相关测试设备支撑能力与仿真测试能力,全面支持 L2～L4 级研发测试,适应多种研发测试需求,加速自动驾驶技术的研发和落地。如图 5-26 所示,自动驾驶车辆在人车混行的城市道路上反复测试。

在十字路口模拟场景,当测试假人通过人行横道时,自动驾驶车辆检测到前方障碍物,立即制动并与假人保持一定安全距离。测试自动驾驶车辆在不同速度情况下,发现前方各角度出现障碍物时的反应情况,实现在人车混行的城市道路上从容驾驶。

封闭测试场基础测试系统通过接入车端、路侧等多源数据实现测试场景的生成,主要包括了仿真场景构建模块、传感器模块、车辆动力学模块、算法接口模块、SDK 等模块,能够接入华为、百度以及第三方自动驾驶系统,从而支撑 SiL、MiL、HiL,以及算法训练等上层应用。

(4) 运营调度系统。为了兼容各类车辆、各种车型的自动驾驶示范应用,示范区会引入各类自动驾驶车辆。同时,为了实现长期可持续的示范效果,示范区需要建设统一的运营调度系统,实现对各类自动驾驶车辆的管理和监控,保障自动驾驶车辆的安全、长期可持续的运营。

根据自动驾驶车辆的场景不同,运营调度系统包含自动驾驶出租车运营调度、自动驾驶物流车运营调度、自动驾驶环卫车运营调度、自动驾驶公交车运营调度和智能停车场运营调度等5个自动驾驶行业运营调度子系统。

3）安全体系设计

安全体系以物联网安全模型为基础并深度结合平台业务场景进行设计制作。业务层的安全需求主要有基础平台安全、大数据安全、设备安全、网络安全、车辆安全、终端安全六大核心业务安全需求组件组成。

安全体系涵盖了测试和运营的全生命周期，利用大数据和AI作为核心技术赋能安全体系中的安全能力。安全体系框架包含SOC系统即安全运营平台中心、集中式身份管理服务、基础安全组件、安全管理等四大核心部分。安全体系架构见图5-27。

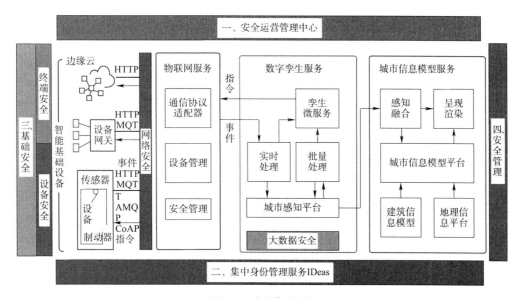

图5-27 安全体系架构

2. 智能网联汽车与智慧交通系统性能测试评价范围

智能网联汽车与智慧交通系统性能测试评价范围见表5-3。

智能网联汽车与智慧交通系统性能测试评价范围　　　　表5-3

分类	主要测试内容
功能应用测试	功能实现、功能完备性、响应时延、安全性、可靠性、系统容错性、互操作性、通用性、与既有系统衔接、社会接受性等
零部件/系统测试	可靠性、识别率、极端环境适应性、抗干扰性、互换性等
智能网联汽车整车性能测试	系统兼容性、障碍物检测准确率、物体识别率、路径优化、自主导航安全决策机制、系统响应时间、人机共驾决策机制、协同控制、设备抗干扰、极端环境等
通信性能测试	系统延时、丢包率、成功率、传输距离、误码率、电气特性、抗干扰特性、EMC特性、可靠性、通信容量、吞吐量等
智能交通管理	车辆拥堵检测、车辆逆行检测、非法停车、高速路段行人闯入、系统响应时间、紧急车辆判断与避让、交通信息实时推送、超速警告、交通干预、交通信号灯自适应算法、可靠性和有效性验证等

3. 智能网联汽车集成系统试验区建设发展目标

智能网联汽车集成系统试验区建设发展目标主要有：

（1）建立形成基于宽带移动互联网的智能汽车整车与智慧交通新产品、新技术研究开发、实验验证、检测评估与认证中心、运营管理及数据中心、应用示范及体验基地。

（2）面向国内外开展智能汽车、V2X互联互通、车路协同、自动驾驶、自适应交通、智慧交通系统及其零部件系统性能、数据采集及处理系统、通信系统、服务系统、管理系统等新产品、新技术的技术性能、环境适应性、安全性、稳定性、可靠性、有效性、信息安全、用户行为分析等实验验证、测试评价、检测认证等工作。

（3）提高人们充分认识、良好体验和接受对基于4G/5G通信场景应用的智能汽车、车联网、智慧交通系统，推动国内智能汽车、车联网和智慧交通相关技术研究开发、标准规范、政策、法律法规制订。

（4）促进智能汽车、智慧交通以及通信相关研究开发机构及核心零部件企业加速发展，为我国智能汽车及移动互联网"两化融合"、产业转型升级、未来城发展、"一带一路"倡议远景的"西部开发开放重要支撑"做出积极的贡献。

4. 智能网联汽车产业发展对测试验证服务需求强烈

智能网联汽车作为高度自动化的自主系统和安全关键应用，为了保证其持续安全运行，需要根据智能网联汽车的特点有针对性地采用充分有效的测试、验证和评价方法，判断其各种功能是否能在复杂的驾驶场景中发挥预期设定的功能要求。因而完善的测试评价体系是智能网联汽车开发的必要支撑，并可以为产品开发过程中的测试和评价活动提供参考依据。

随着智能网联汽车产业的蓬勃发展，对相关测试验证服务的需求也迅速增加。从测试对象方面，涉及车辆各级零部件、系统的测试和整车测试；从测试方式方面，包含软件在环测试（SIL）、硬件在环测试（HIL）、车辆在环测试（VIL）、模拟仿真测试、封闭场地测试和开放道路测试等；在测试内容方面，包括信息安全测试、功能安全测试、预期功能安全测试等。测试验证过程需要覆盖实际驾驶环境中的各种场景、工况，满足系统研发周期的需求，并能够有效评价车辆系统的一致性和可靠性。

目前，智能网联汽车产品测试、验证及示范项目相继部署，商品化应用进程不断加快。测试验证规范标准制定成为各国政府和国际标准法规组织的工作重点。

技能实训

通过数字孪生沙盘完成某交通测试场景某专用车辆的在环测试

（1）测试设备及工具：数字孪生沙盘及配套软件、测试车辆。

（2）测试内容及过程：

①启动沙盘；

②打开相关软件；

③开启待测试车辆；

④在沙盘交通场景中进行指定测试车辆完成相应的任务；

⑤观察并记录沙盘中测试车辆实际完成任务情况;
⑥实时记录并导出测试车辆完成任务产生的相关数据。
(3)编写测评报告。

实车道路测试某自动驾驶场景中某功能的测试验证

(1)测试设备及工具:测试车辆及相关工具设备。
(2)测试场景:封闭道路测试中的某场景。
(3)测试内容及过程:
①启动车辆及车载设备;
②启动测试场景中的相关设备;
③让车辆按要求驶入测试场景;
④按要求进行车辆进入场景后的相关测试;
⑤观察并记录测试车辆实际完成任务情况;
⑥实时记录并导出测试车辆完成任务产生的相关数据。
(4)编写测评报告。

思考与练习

一、判断题

1. 目前智能网联汽车高级别的自动驾驶之所以还没有量产,主要是因为其在实际道路行驶过程中的安全性无法满足。( )
2. 智能网联汽车测试方法主要包括仿真测试和实车测试。( )
3. 道路试验是验证智能网联汽车驾驶安全性、车辆性能的最直接手段。( )
4. 传统汽车试验场对于智能网联汽车综合性能等测试评价已经没有作用。( )
5. 智能汽车动态信息服务示范不属于智能汽车与智慧交通融合应用示范。( )

二、选择题

1. 智能网联汽车的技术进步和应用推广需要有完善的测试评价体系的支撑,具体需求主要有( )
   A. 技术与产品开发需求　　　　B. 标准需求
   C. 法规需求　　　　　　　　　D. 国际需求
2. 智能网联汽车在进行公共道路测试前,需在封闭场地进行测试以验证自动驾驶系统的( )。
   A. 功能要求　　B. 安全要求　　C. 稳定性要求　　D. 可靠性要求
3. 智能网联汽车试验场测试重点是考核车辆对( )。
   A. 道路识辨和车路协同　　　　B. 行人和障碍物的识别能力

  C. 行进过程中网络通信的时延性   D. 交通环境的感知及应变能力

4. 国家智能网联汽车(上海)试点示范区的测试及演示目标是(　　)。

  A. 服务智能汽车 B. 智慧路网 C. 共享出行 D. V2X 网联通信

5. 智能网联汽车试验验证平台的设计主要涉及基础支撑环境、应用示范与试验验证系统和(　　)。

  A. 产品研发系统   B. 通信服务能力测试系统

  C. 综合数据分析系统   D. 服务系统

三、简答题

1. 列举出封闭道路受控测试中,进行测试场景的搭建需要考虑的五大关键因素。
2. 与传统汽车试验场相比,智能网联汽车试验场有哪些特点?
3. 模拟仿真试验验证环境按照智能汽车对试验环境的需求,可以分为哪几方面?
4. 智能网联汽车试验验证平台系统服务中应用示范服务主要包括哪些内容?

参 考 文 献

[1] 李克强,戴一凡,李升波,等.智能网联汽车(ICV)技术的发展现状及趋势[J].汽车安全与节能学报,2017,8(1):1-14.

[2] 杨澜,赵祥模,吴国垣,等.智能网联汽车协同生态驾驶策略综述[J].交通运输工程学报,2020,20(5):58-72.

[3] 中国智能网联汽车产业创新联盟.智能网联汽车技术路线图2.0[R].2020.

[4] 中国汽车工程学会.节能与新能源汽车技术路线图2.0[M].北京:机械工业出版社,2020.

[5] 李克强,李家文,常雪阳,等.智能网联汽车云控系统原理及其典型应用[J].汽车安全与节能学报,2020,11(3):261-275.

[6] 中国汽车技术研究中心有限公司,中国智能交通协会.中国自动驾驶产业发展报告(2020)[M].北京:社会科学文献出版社,2020.

[7] 中国电子信息产业发展研究院.智能网联汽车测试与评价技术[M].北京:人民邮电出版社有限公司,2017.

[8] 郭志杰,张斌,杨涛,等.智能网联汽车与智慧交通应用示范区项目设计[J].交通科技,2020(06):123-127.

[9] 段杰文.智能网联汽车云平台和大数据分析[J].汽车电器,2020(06):8-9.

[10] 刘澄.面向车联网的车载智能终端及其实现探究[J].数字技术与应用,2019,37(06):91-92.

[11] 田洪清,王岩,纪斌义.车辆总线技术发展综述[J].现代制造技术与装备,2019(03):219-220.

[12] 何波.符合ISO 26262标准的安全完整性等级评估方法的研究[D].成都:西华大学,2017.

[13] 辛强,朱卫兵,胡璟.基于ISO 26262的新能源汽车电子电器部件功能安全开发简介[J].汽车零部件,2021(06):63-65.